DIOS
HABLA TU
LENGUAJE DEL
AMOR

DIOS
HABLA TU
LENGUAJE DEL
AMOR

CÓMO SENTIR Y REFLEJAR EL AMOR DE DIOS

GARY CHAPMAN

Publicado por
Unilit
Medley, FL 33166

© 2016 Editorial Unilit (Spanish translation)
Primera edición 2016

© 2002, 2009 por *Gary Chapman*
Originalmente publicado en inglés con el titulo: *God Speaks Your Love Language*
Publicado por *Moody Publishers*
Traducido con permiso.
*(This book was first published in the United States by Moody Publishers, 820 N. LaSalle
Blvd., Chicago, IL 60610 with the title God Speaks Your Love Language, copyright
© 2002, 2009 por Gary Chapman. Translated by permission.)*

Traducción: *Nancy Pineda*
Fotografía de la cubierta: © 2016 gyn9037. Shutterstock.com

Producto: 495859
ISBN: 0-7899-2230-4 / 978-0-7899-2230-4

Categoría: Vida cristiana /Vida práctica /Crecimiento personal
Category: Christian Living /Practical Life /Personal Growth

Impreso en Colombia
Printed in Colombia

LA CONEXIÓN
DE AMOR

Susan fue mi primera cita del día, y sentí deseos de llorar cuando escuché su historia. Su padre se suicidó cuando ella tenía trece años de edad. A su hermano lo mataron en Vietnam. Hace seis meses, su esposo la abandonó por otra mujer. Ella y sus dos hijos pequeños estaban viviendo con su madre. Sentí deseos de llorar... pero Susan no lloraba. Es más, estaba animada, casi radiante.

—Debe sentirse muy rechazada por su esposo —le dije, suponiendo que estaba en la negación del dolor.

—Lo estuve al principio, pero me he dado cuenta de que mi esposo no huye de mí. Huye de sí mismo. Es un hombre muy desdichado. Creo que pensó que nuestro matrimonio lo haría feliz, pero usted y yo sabemos que solo Dios puede hacer que una persona sea feliz en realidad.

Pensando que tal vez Susan trataba de espiritualizar su dolor, le dije:

—Usted ha pasado por muchas cosas en su vida: la muerte de su padre, la muerte de su hermano, el abandono de su esposo. ¿Cómo se puede ser tan fuerte en su fe?

—Por una razón —me dijo—. Sé que Dios me ama, así que pase lo que pase, Él siempre está ahí para mí.

—¿Cómo puede estar tan segura? —le pregunté.

—Es algo personal. Cada mañana, le entrego el día a Dios y le pido que me guíe. Leo un capítulo de la Biblia y escucho lo que Él me dice. Dios y yo estamos muy unidos. Esa es la única manera en que puedo lograrlo.

Más tarde ese mismo día, tuve una cita con Regina. Sus padres se divorciaron cuando ella tenía diez años de edad. Solo vio a su padre dos veces después del divorcio: una vez en su graduación del instituto y otra vez en el funeral de su hermana menor. Su hermana murió en un accidente automovilístico a los veintiún años de edad. Regina se casó y se divorció tres veces; el más largo de sus matrimonios duró dos años y medio. Se encontraba en mi oficina porque estaba considerando un cuarto matrimonio. Su madre le pidió que hablara conmigo antes de casarse de nuevo.

«No sé si debería hacerlo o no», me dijo Regina. «No quiero envejecer sola, pero no tengo un historial muy bueno con el matrimonio. Siento que soy una perdedora. Mi madre me dice que Dios me ama y tiene un plan para mi vida. En este momento no siento el amor de Dios y creo que debo haber pasado por alto el plan. Ni siquiera estoy segura de que hay un Dios».

Dos señoras, cada una ha experimentado suficiente dolor para toda la vida. Una se siente muy amada por Dios; la otra se siente vacía. ¿Por qué algunas personas afirman que experimentan el amor de Dios de manera muy profunda mientras que otras se sienten tan lejos de Él que no están seguras siquiera de que exista Dios? Creo que la respuesta está en la naturaleza misma del amor. El amor no es una experiencia en solitario. El amor requiere tanto un amante como uno que responda. Si Dios es el amante divino, ¿por qué no todas sus criaturas sienten su amor? Tal vez porque algunas estén buscando en la dirección equivocada.

Muy a menudo, la cultura influye en nuestra propia búsqueda de Dios. Si nuestra cultura dice: «Este es el camino a Dios», tendemos a seguirlo de acuerdo con esto. Sin embargo, el amor es un asunto del corazón, del alma, no de un ritual ni de una religión. Estoy convencido de que cada uno de nosotros tiene un «lenguaje principal del amor», y cuando se escucha a Dios en nuestro «lenguaje del corazón», vamos a experimentar su amor de manera más íntima. También estoy convencido de que Dios habla con fluidez el lenguaje del amor de cada persona. Tal vez esto se entienda mejor al examinar los resultados del amor en las relaciones humanas.

ESCUCHA EL LENGUAJE DEL AMOR

En otros libros, analicé el problema de no escuchar el amor en nuestro propio lenguaje. Mi investigación clínica ha revelado que existe una variedad de lenguajes del amor. Por lo tanto, si los padres no hablan el lenguaje principal del amor de un hijo, este no se sentirá amado, sin importar cuán sinceros quizá sean los padres. La clave es aprender el lenguaje principal del amor de cada hijo y hablarlo con regularidad. El mismo principio es cierto en el matrimonio. Si un esposo no habla el lenguaje del amor de su esposa, ella no se sentirá amada y no se satisfará su necesidad de amor.

Los cinco lenguajes del amor (que ahora se ha traducido en casi cincuenta idiomas) se centra en ayudar a las parejas a aprender cómo comunicarse amor con eficacia. Más tarde, me asocié con el psiquiatra Ross Campbell y escribí *Los cinco lenguajes del amor de los niños*. Este libro ayuda a los padres a aprender cómo amar a sus hijos de manera eficiente. Luego vino *Los cinco lenguajes del amor de los jóvenes*, que está diseñado para ayudar a los padres a navegar por las aguas turbulentas de amar a sus hijos durante los años de la adolescencia. El más reciente que escribí fue *Los cinco lenguajes del amor para solteros*, el cual ayuda a los solteros a comprender y experimentar el amor en todas sus relaciones.

Para las personas que tienen un auténtico deseo de acercarse más a sus seres queridos, estos libros pueden proporcionar los conocimientos necesarios para lograrlo. Sin embargo, hay un número importante de personas para las que el conocimiento no es suficiente. (En realidad, todos nosotros caemos en esta categoría de vez en cuando. Sabemos lo que hay que hacer, pero no tenemos la voluntad de hacerlo). Un esposo, después que escuchó mis ideas sobre cómo aprender a hablar el lenguaje principal del amor de su esposa, me dijo: «Le diré ahora mismo que si tengo que lavar los platos, pasarles la aspiradora a los pisos y lavar la ropa para que ella se sienta amada, puede olvidarse de eso». Es obvio que el problema no era la falta de conocimiento; solo carecía de la voluntad para amar a su esposa.

La tragedia es que las personas que optan por no amar nunca son felices. Su falta de amor no solo daña a la otra persona, sino que atrofia su propia alma también. Las personas que se niegan a amar viven al borde de la desesperación.

Me he pasado la vida entera tratando de ayudar a las personas que, tomando prestada una frase de la canción «El viejo hombre del río», de Oscar Hammerstein, están «cansadas de vivir y asustadas de morir». El propósito de este libro es acercar a las personas a Dios de modo que puedan sentir primero su amor ilimitado y luego reflejarlo con el fin de amar de manera más eficaz a otros. Amar y ser amado, ¿qué podría ser más importante?

Creo que la clave para aprender y elegir el amor es conectarse con el amor divino. Sin embargo, este libro no pretende ser «religioso». Si un sistema religioso fuera capaz de resolver el problema de una sociedad sin amor, ya se hubiera resuelto. Este libro es un intento de ayudar a las personas a que se relacionen con el Dios que está ahí, no a los dioses que ha creado la cultura. Decidí no escribir en el lenguaje académico de la psicología o la teología, sino en el lenguaje de quienes no son expertos, a fin de que más personas puedan escuchar las palabras de Dios habladas en su «lenguaje del corazón».

Si crees en Dios y te gustaría ser más amoroso con los más cercanos a ti, este libro puede ayudarte. Si no crees en Dios, pero estás dispuesto a considerar la opinión de alguien que lo ama, te invito a este viaje. Haré todo lo posible para respetar tu posición, a medida que expreso mis propias creencias con la mayor claridad posible.

CONÉCTATE AL AMOR DEL PADRE

Si los seres humanos se crearon a imagen de Dios y son sus hijos, es de esperar que Él nos ame. Además, sería natural que no solo se recibiera amor, sino también que se correspondiera a ese amor. Esto se ilustra en la relación padre-hijo. Para la mayoría de los padres, amar a sus hijos es tan natural como lo es comer para el niño. Los padres aman porque se relacionan con sus hijos. En un sentido muy real, el hijo es una creación de los padres y lleva en su cuerpo y en su espíritu algo de la marca de cada padre. Sería muy poco natural para los padres que no amen a sus propios hijos. Existe un amplio consenso de que el amor de los padres es una parte de la naturaleza humana. No es algo por lo que nos esforzamos para alcanzar. Es una parte de lo que somos como seres humanos.

El amor de los padres por sus hijos (y el amor de los abuelos por sus nietos) es más intenso que el amor que tienen por el niño del vecino (o el nieto de nuestro mejor amigo). Aun así, este amor no es una simple unión genética, pues los padres y abuelos adoptivos aman a sus niños con la misma intensidad. Existe una vinculación emocional y espiritual con los niños a los que consideramos «nuestros». Estamos dispuestos a invertir tiempo, energía y dinero para propiciar su bienestar. Queremos que aprendan y desarrollen su potencial. Deseamos que logren grandes cosas en la vida. Estamos dispuestos a dar mucho de nosotros mismos con el fin de mejorar sus vidas. Los amamos. Esta es la respuesta emocional normal de los padres hacia sus hijos y de los abuelos hacia sus nietos.

La naturalidad del amor paternal se destaca por el contraste estadístico de los pocos padres y abuelos que *no* sienten tal amor por los hijos y nietos. La ausencia de amor de los padres es tan anormal que a los mismos se les considera disfuncionales y con necesidad de terapia psicológica y espiritual. Amar a los hijos es tan natural como amarse a sí mismo, porque los hijos son extensiones en sí de los padres.

REFLEJA EL AMOR DIVINO

Creo que el amor de los padres es un reflejo del amor divino. A los ojos de Dios, somos sus hijos, y nos ama como nosotros amamos a nuestros propios hijos. La *World Book Encyclopedia* describe a Dios como «el ser supremo, creador y soberano del universo, omnisciente, todopoderoso, infinito y omnipresente»[1]. A lo largo de la historia, y a través de las fronteras raciales y culturales, millones de personas han creído en la existencia de tal Dios. Los antiguos escritos hebreos comenzaron con la premisa de un Dios todopoderoso que creó los cielos y la tierra. Entonces, de una manera ordenada, Él creó la vida vegetal y animal, y culminó su creación haciendo a los seres humanos a la imagen de lo divino[2].

Si bien es cierto que las personas están hechas a imagen de Dios, se esperaría que el amor de Dios por la humanidad estuviera en una categoría diferente al amor de Dios por el resto de su creación. También es de esperar que la gente fuera capaz de responder al amor de Dios. Lo que reveló la investigación es que no solo las personas tienen el potencial para responder al amor de Dios, sino que, en realidad, no están del todo satisfechas hasta que establezcan una conexión de amor con Dios.

Viktor Frankl, que sobrevivió a la prisión nazi en cuatro campos de concentración, incluyendo su permanencia en Bohemia y Auschwitz, nos recordó que en el corazón de la existencia de cada uno está la búsqueda de significado. San Agustín escribió que la gente nunca encuentra de veras el significado definitivo hasta que responde al amor de Dios.

Brian, un amigo mío, realizó un viaje de turismo por Rusia después de la caída del comunismo. Se dio cuenta de que el domingo las iglesias estaban llenas de personas. Sabiendo que durante setenta años Rusia fue una sociedad atea y que a toda una generación se le enseñó que Dios no existe, se sintió intrigado al notar que tantos jóvenes asistían a la iglesia. Le preguntó a su joven guía femenina, exmiembro de la KGB, si las personas acudieron en masa a las iglesias en cuanto se les dio la libertad para hacerlo.

—No —le dijo—. Al principio, iban solo las personas mayores. Después comenzaron a asistir los jóvenes. Ahora todas las iglesias están llenas.

—¿A qué cree que se deba eso? —preguntó Brian.

—Antes —dijo—, creíamos que nuestros líderes políticos eran dioses. Ahora sabemos que eso no es cierto. Hemos aprendido que el hombre es hombre y Dios es Dios. Ahora nos gustaría saber más de Dios.

Si las personas están de veras hechas a la imagen de Dios, cabría de esperar esta respuesta. A pesar de todos los esfuerzos gubernamentales para acabar con la creencia en Dios, el corazón humano todavía anhela el amor del Padre.

Esta hambre por el padre se refleja en las relaciones humanas. En su libro *Life Without Father*, David Popenoe, profesor de sociología en la Universidad de Rutgers, presenta evidencia convincente de que todos los niños no solo anhelan el amor de una madre, sino también el de un padre. Algo dentro de las almas de los niños sabe que necesitan el amor de un padre para sentirse seguros y felices. Cuando no se experimenta ese amor, los niños viven con un anhelo indefinible. Los niños quieren amar y ser amados por ambos padres. Popenoe considera que la falta de esta conexión de amor es la principal malignidad que enfrentamos en nuestro tiempo.

La gente necesita restablecer la «conexión de amor» con Dios, su Padre celestial. (A través de este libro, me referiré a este término, así como al establecimiento de la «conexión con Dios»). Conocer y amar a Dios debe ser nuestro fin principal; todo lo demás es solo música de fondo.

Lo que espero hacer en este libro es dar a conocer lo que he aprendido sobre el amor durante más de cuarenta años de matrimonio y de familia. Creo que las relaciones amorosas humanas reflejan la naturaleza de Dios, quien es amor. Si podemos entender la dinámica del amor humano, esto nos ayudará a comprender mejor las expresiones del amor divino.

Al hacerlo, quiero presentarte a los amigos que he conocido a lo largo de mi propio viaje. (En la mayoría de los casos, solo se usan los nombres de pila [y se cambiaron], y los detalles se alteraron a fin de proteger su privacidad). A algunos los conozco desde hace muchos años; a otros los conozco desde hace poco tiempo. Sin embargo, todos han hecho la conexión de amor con Dios. Me han ayudado e inspirado con sus historias, y espero que también lo hagan contigo.

Al final de cada capítulo, encontrarás algunas preguntas para ayudarte a aplicar las lecciones que otros aprendieron en su propia vida. Además, hay una guía para el estudio de grupo al final del libro. Puede ser muy útil tener en cuenta y discutir el contenido en un ambiente de grupo. E incluso, si no tienes la oportunidad de hacerlo, quizá encuentres alguna información adicional al revisar ese material por tu cuenta.

COMPRENDE
los CINCO LENGUAJES
del AMOR

Después de más de cuarenta años de aconsejar parejas y familias, estoy convencido de que hay cinco lenguajes básicos del amor. Puede haber muchos «dialectos», pero solo cinco lenguajes.

Cada persona tiene un lenguaje del amor principal, lo que significa que uno de los cinco lenguajes del amor se habla en un nivel emocional de manera más intensa que los otros cuatro. Cuando alguien habla mi lenguaje principal del amor, me siento atraído hacia esa persona porque satisface mi necesidad básica de sentirme amado. Cuando una persona no habla mi lenguaje principal, me preguntaré si me ama en realidad, pues no me conecto en lo emocional con tanta fuerza con esa persona.

El problema en muchas relaciones humanas es que una persona habla un lenguaje del amor en particular y se pregunta por qué otra persona con un lenguaje del amor diferente no entiende. Eso es como si le hablara en inglés a alguien que solo entiende el alemán y me preguntara por qué no responde. Las relaciones humanas se mejoran en gran medida cuando se eliminan las barreras lingüísticas básicas, y se refuerzan mucho más cuando aprendemos a hablar el lenguaje del amor de cada uno.

LA TRANSFORMACIÓN DE LOS MATRIMONIOS

Miles de parejas casadas se hacen eco de la historia de Scott y Anna. Condujeron más de seiscientos cuarenta kilómetros hasta Atlanta para asistir a un seminario de los «Lenguajes del amor». Después de la sesión del viernes por la noche, Scott me dijo: «Dr. Chapman, queremos darle las gracias por transformar nuestro matrimonio».

Estaba confundido, ya que acababa de comenzar el seminario de fin de semana. Dándose cuenta de la pregunta en mis ojos, Scott continuó. «Dios usó *el concepto del lenguaje del amor* para transformar nuestro matrimonio. Llevamos treinta y tres años de casados, pero los últimos veinte años fuimos muy desdichados. Vivíamos en la misma casa y, en apariencia, éramos amistosos el uno con el otro, pero solo hasta allí. No habíamos tomado unas vacaciones en veinte años. En realidad, no nos gustaba estar juntos.

»Hace algún tiempo, le conté a un amigo mi desdicha. Me dio su libro y me dijo que lo leyera. Fui a casa y lo terminé de leer a eso de las dos de la mañana. Negué con la cabeza y me pregunté: *¿Cómo pude pasar por alto esto?*

»Me di cuenta de inmediato que mi esposa y yo no habíamos hablado el lenguaje del amor del otro durante años. Le di el libro a ella y le pedí que lo leyera. Tres o cuatro días más tarde, nos sentamos y lo discutimos. Estábamos de acuerdo en que si hubiéramos leído el libro hace veinte años, nuestras vidas habrían sido distintas. Le pregunté si pensaba que haría alguna diferencia si lo intentábamos ahora. Ella respondió: "No tenemos nada que perder"».

En ese momento, Anna entró en la conversación y dijo: «Yo no tenía ni idea de que las cosas cambiaran en realidad entre nosotros, pero de seguro que estaba dispuesta a darle una oportunidad. Todavía no puedo creer lo que ha sucedido. Nos gusta estar juntos ahora. Incluso, hace dos meses tomamos unas vacaciones juntos y lo pasamos de maravilla».

Mientras la conversación continuaba, supe que el lenguaje principal de Scott era el de palabras de afirmación y el de Anna los regalos. (Los cinco lenguajes del amor se resumen más adelante en este capítulo). Por naturaleza, Scott no era partidario de los regalos. Es más, los regalos significaban muy poco para él. No lo emocionaba en especial cuando recibía un regalo, y le interesaba muy poco hacer regalos. Por otra parte, Anna era una mujer de pocas palabras. No era propensa a los cumplidos y admitió que a menudo criticaba.

No sin esfuerzo Scott aprendió a comprar regalos. En realidad, reclutó a su hermana para que le ayudara con el proyecto. Anna admitió que al principio pensaba que sería un fenómeno temporal. Su acuerdo original era que durante tres meses hablarían el idioma del amor del otro al menos una vez a la semana y ver qué pasaba.

»Al cabo de dos meses», dijo Scott, «tuve sentimientos de afecto por Anna y ella los sentía por mí». Anna dijo: «Nunca pensé que iba a ser capaz de decir las palabras "Te amo" a Scott y que de veras significara eso. Sin embargo, lo hice; es increíble lo mucho que lo amo».

Cuando un esposo y una esposa descubren entre sí el lenguaje principal del amor de cada uno y deciden hablarlo con regularidad, renacerá el amor emocional.

LA TRANSFORMACIÓN DE LAS RELACIONES DE SOLTEROS

Los adultos solteros también se han beneficiado en gran medida con la comprensión de los cinco lenguajes del amor. Como un ejemplo, permíteme mostrarte una carta que Megan me envió desde Japón.

Estimado Dr. Chapman:

Quería decirle lo mucho que su libro, *Los cinco lenguajes del amor*, ha significado para mí. Sé que lo escribió para parejas casadas, pero un amigo me lo dio y ha tenido un profundo impacto en mi vida. Estoy en Japón enseñando inglés como una segunda lengua. La razón principal por la que vine aquí fue para alejarme de mi madre. Nuestra relación ha sido tensa desde hace varios años. No me sentía amada y que trataba de controlar mi vida. Cuando leí su libro, se abrieron mis ojos. Me di cuenta de que mi lenguaje del amor es palabras de afirmación, pero mi madre solo se dirigía a mí con duras palabras de crítica. También me di cuenta de que el lenguaje de mi madre es actos de servicio. Siempre estaba haciendo algo por mí. Incluso, después que tuviera mi propio apartamento, quería venir y pasarles la aspiradora a mis pisos. Tejió un suéter para mi perro salchicha y horneaba galletas cuando sabía que iba a tener amigos de visita. Como no me sentía amada por ella, veía todos sus esfuerzos como intentos por controlar mi vida. Ahora me doy cuenta de que era su manera de expresarme amor. Hablaba su lenguaje del amor y ahora sé que era sincera.

Le envié un ejemplar del libro. Lo leyó y lo discutimos por correo electrónico. Le pedí perdón por malinterpretar sus acciones a través de los años. Y después le expliqué la manera tan profunda en que me hirieron sus palabras de crítica, ella me pidió perdón. Ahora sus correos electrónicos están llenos de palabras de afirmación. Y yo estoy pensando en cosas que puedo hacer por ella cuando llegue a casa. Ya le dije que quiero pintarle su cuarto. Ella no puede hacerlo y no puede permitirse el lujo de mandarlo a hacer.

Sé que nuestra relación va a ser diferente. He ayudado a algunos estudiantes aquí a aprender a hablar inglés un poco mejor, pero mi mayor descubrimiento ha sido los lenguajes del amor.

LA TRANSFORMACIÓN DE LOS NIÑOS

Los padres también deben aprender los principales lenguajes del amor de cada uno de sus hijos para que se sientan amados. Marta era la madre de Brent, de cinco años de edad, cuando tuvo a su segundo hijo. Unos dos meses después que llegara el bebé, comenzó a notar un cambio en Brent que hasta entonces había sido lo que se llamaba «un niño perfecto».

«Nunca tuvimos ningún problema con Brent», dijo Marta. «Sin embargo, casi todas las noches comenzamos a notar comportamientos que no habíamos visto antes. Hacía cosas que sabía que estaban en contra de las reglas y luego negaba que las hubiera hecho. Nos dimos cuenta de que a propósito era rudo cuando trataba al bebé; una vez lo encontré tirando de la manta sobre la cabeza del bebé en la cuna. Empezó a desafiarme. Recuerdo la vez que dijo: "¡No, y no me puedes obligar!"».

Marta comenzó a asistir al grupo de damas que estudiaba *Los cinco lenguajes del amor de los niños*. «Cuando leí el capítulo sobre el tiempo de calidad», dijo Marta, «supe lo que estaba pasando con Brent. Nunca antes lo había pensado, pero me di cuenta de que el tiempo de calidad era el lenguaje principal del amor de Brent. Antes de la llegada del bebé, hablaba su lenguaje en voz alta y se sentía amado. Después, ya no paseábamos juntos por el parque, y nuestro tiempo de calidad disminuyó en gran medida. Con esta idea, me fui a casa decidida a dedicarle tiempo a Brent. En lugar de hacer las tareas del hogar mientras el bebé dormía, empecé a pasar tiempo con él.

»Fue sorprendente ver los resultados. A los cuatro o cinco días, Brent volvió a ser el niño feliz que siempre había sido. No podía creer lo rápido que había cambiado».

El anhelo de amor es nuestra necesidad emocional más profunda desde la infancia en adelante. Si nos sentimos amados por las personas importantes en nuestra vida, el mundo se ve brillante y tenemos la libertad para desarrollar nuestros intereses y hacer una contribución positiva en el mundo. En cambio, si no nos sentimos amados por las personas importantes en nuestra vida, el mundo se empieza a ver oscuro, y la oscuridad percibida se reflejará en nuestro comportamiento.

LA TRANSFORMACIÓN DE LOS ADOLESCENTES

En el corazón del adolescente, el amor tiene que ver con la *conexión, la aceptación* y *el cuidado y la protección*. La conexión requiere la presencia física de los padres y de la comunicación significativa. La aceptación implica el amor incondicional, independientemente del comportamiento del adolescente. El cuidado y la protección alimentan el espíritu del adolescente con aliento y consuelo. Lo contrario de la conexión es el abandono. Lo opuesto a la aceptación es el rechazo. Y lo contrario al cuidado y la protección es el abuso físico o verbal.

Cualquier adolescente que se sienta abandonado, rechazado o maltratado es casi seguro que lucha con la autoestima, el sentido y el propósito. Con el tiempo, el dolor de no sentirse amado se mostrará en el comportamiento destructivo del adolescente.

No obstante, el comportamiento negativo a menudo cambia de manera radical y rápida cuando el adolescente se siente amado de veras por los padres. Las relaciones pueden transformarse cuando los padres hablan el lenguaje de amor del adolescente.

LOS CINCO LENGUAJES DEL AMOR
Los cinco lenguajes del amor se explican más a fondo en mis libros anteriores, pero permíteme repasarlos brevemente aquí.

(1) Palabras de afirmación
El uso de palabras para afirmar a otra persona es una manera clave de expresar amor. Las afirmaciones pueden centrarse en el comportamiento de la persona, la apariencia física o la personalidad. Las palabras pueden ser habladas, escritas o incluso cantadas. Las personas cuyo lenguaje principal del amor es palabras de afirmación reciben tales palabras de afirmación como una lluvia de primavera en suelo estéril.

Hay miles de maneras de expresar la afirmación verbal. Estos son solo algunos ejemplos:
- «Te ves bien con ese vestido».
- «Hiciste un buen trabajo con esa tarea».
- «Agradezco tu perseverancia en este proyecto hasta que terminaste».

- «Gracias por limpiar tu habitación».
- «Te agradezco que sacaras la basura».
- «Esta fue una comida magnífica».
- «Gracias por todo tu trabajo duro».

(2) Tiempo de calidad

El tiempo de calidad es darle a alguien toda tu atención. Con un niño pequeño, quizá sea sentarte en el suelo rodando una pelota de un lado a otro. Con un cónyuge, es sentarse en el sofá, mirándose el uno al otro y hablando... o dar un paseo por carretera, ustedes dos solos... o salir a comer y participar en una buena conversación. Con un adolescente es ir de pesca y decirle lo que era tu vida a su edad; luego, preguntarle cómo su vida es diferente a la tuya. (Céntrate en el adolescente, no en la pesca).

Para el adulto soltero, el tiempo de calidad está en planear un evento con un amigo en el que los dos tengan tiempo para hablar de sus vidas entre sí. Lo importante no es la actividad, sino el tiempo que pasan juntos. Cuando le das a alguien tiempo de calidad, le das parte de tu vida. Es una comunicación profunda del amor.

(3) Regalos

Dar regalos es una expresión universal del amor, pues son el producto de pensamientos de amor. Los niños, adultos y adolescentes aprecian los regalos. Sin embargo, para algunas personas, los regalos son un lenguaje de amor principal. Para ellos, nada se compara con un regalo para hacerlos sentir más amados.

Los regalos no tienen por qué ser caros. Puedes recoger una piedra poco común durante una excursión, dársela a un niño de diez años de edad, contarle dónde la encontraste y decirle que estabas pensando en él. Casi puedo garantizarte que cuando tenga veintitrés años, todavía tendrá la piedra en su cajón de la cómoda.

(4) Actos de servicio

«Los hechos valen más que las palabras». El viejo dicho es cierto en especial para las personas cuyo lenguaje principal del amor es el de actos de servicio. Hacer algo que sabes que a la otra persona le gustaría haber hecho es una expresión de amor. Los ejemplos incluyen preparar la comida, lavar los platos, pasar la aspiradora a los pisos, cortar el césped, limpiar la parrilla, darle un baño al perro, pintar una habitación, lavar el auto, llevar al niño de sexto grado a la práctica de fútbol, zurcir el vestido de la muñeca y volverle a poner la cadena a una bicicleta. La lista podría ser interminable. La persona que habla este lenguaje siempre está buscando cosas que puede hacer por los demás.

Para la persona cuyo lenguaje principal del amor es actos de servicio, las palabras pueden ser en realidad vacías si no van acompañadas de la acción. El esposo puede decir: «Te amo», pero la mujer piensa: *Si me amara, haría algo aquí*. Puede que él sea sincero con sus palabras de afirmación, pero no se conecta en lo emocional porque su lenguaje es actos de servicio. Sin verlo actuar, no se siente amada.

Una esposa puede darle regalos a su esposo, pero si su lenguaje del amor es actos de servicio, se pregunta: *¿Por qué no pasa su tiempo en limpiar la casa en lugar de comprarme cosas?*

«El camino al corazón de un hombre es a través de su estómago» no se ajusta a todos los hombres, pero bien puede ser cierto para el hombre cuyo lenguaje principal del amor sea actos de servicio.

(5) Toque físico

Durante siglos, las madres conocían el poder emocional del toque físico antes que la ciencia probara que era verdad. Por eso es que cargamos a los bebés, los abrazamos y les decimos todas esas palabras tontas. Mucho antes de que el niño entienda el significado del amor, se siente amado por el toque físico.

Si el lenguaje principal del niño es el toque físico, no hay nada más importante. Abrazar y besar a un niño de seis años de edad cuando se va para la escuela en la mañana es la mejor preparación para un día de aprendizaje. Los adolescentes cuyo lenguaje principal del amor es el toque físico pueden comenzar a rechazar tus abrazos y besos, pero no quiere decir que perdieran el deseo del toque. Los abrazos y besos se asocian con la infancia. Puesto que ya no son niños, debes aprender nuevos «dialectos», nuevas formas de tocarlos, una palmada en el hombro, un empujoncito con el codo en un momento apropiado, un «choca esos cinco» después de logros notables, un masaje en la espalda al final de una práctica difícil de danza, etc., pero si se dejan de tocar a los adolescentes, no se sentirán amados.

¿QUÉ LENGUAJE DEL AMOR HABLA DIOS?

Otro concepto que expliqué en los demás libros es el del «tanque de amor» de una persona. Piensa en términos de un medidor de gasolina en un auto. Justo después de un llenado del tanque, se puede conducir durante largos períodos con poca preocupación por el combustible. En cambio, si se pasa por alto el requisito por demasiado tiempo, es muy probable que te encuentres en dificultades y necesitado de ayuda.

Del mismo modo, el «tanque de amor» de cualquier persona necesita rellenarse con regularidad. La clave para asegurarse de que tu cónyuge, tus hijos y padres se sientan amados es descubrir el lenguaje principal del amor de cada persona y hablarlo con fluidez. Si hablas el lenguaje principal de una persona, su tanque de amor permanecerá lleno y la persona estará segura de tu amor. Entonces, puedes añadirles los otros cuatro lenguajes del amor como «guinda del pastel». Por otro lado, si no hablas el lenguaje *principal* de una persona, esta no se sentirá amada, a pesar de que quizá hables alguno de los otros lenguajes. El medidor del tanque de amor de la persona permanece en vacío.

Este libro se basa en los conceptos de mis libros anteriores y considera los lenguajes del amor de Dios. Mi premisa es que los lenguajes del amor observados en las relaciones humanas, reflejan diferentes aspectos del amor divino. Si la gente está en sí hecha a la imagen de Dios, y si la gente tiene cinco lenguajes del amor distintos, esperaríamos encontrar todos los lenguajes del amor expresados en el carácter y la naturaleza de Dios. Es más, Dios habla *todos* los lenguajes, así que no nos sorprende descubrir que se comunica con fluidez a través de cada uno de los cinco lenguajes del amor. Sin embargo, la gente tiende a ser más sensible a Dios cuando detecta que Él habla su lenguaje principal del amor.

En las páginas que siguen, te darás cuenta de las perspectivas de numerosos individuos contemporáneos e históricos que establecieron una relación de amor con Dios. Al examinar la naturaleza de esas relaciones, se puede aprender a mejorar tu propia conexión de amor con Dios.

PREGUNTAS PARA REFLEXIÓN O DISCUSIÓN

(1) Si el concepto de los cinco lenguajes del amor es nuevo para ti, ¿cuál de las cinco opciones crees que es tu lenguaje principal del amor? ¿Por qué? (Tal vez no estés seguro en este momento, pero los futuros capítulos te proporcionarán mucha más información).

(2) Si estás familiarizado con los cinco lenguajes del amor, ¿puedes pensar en un momento en que «hablar el lenguaje equivocado» creó problemas entre otra persona y tú? Si es así, ¿cómo crees que un problema similar podría desarrollarse en tu relación con Dios?

(3) ¿Qué preguntas iniciales tienes que esperas que este libro te ayudará a responder?

Capítulo dos

2

DIOS HABLA EL PRIMER LENGUAJE DEL AMOR:

PALABRAS *de*
AFIRMACIÓN

Recuerdo con cariño la conversación que inició un proceso de pensamiento que con el tiempo dio lugar a este libro. Me gustaría contarte la historia.

Volé hasta Chicago y luego me condujeron dos horas para llegar a una iglesia del centro de la ciudad. Llegué tarde y tomé un asiento cerca de la parte trasera donde traté de no llamar la atención. La música terminó y comenzó el sermón. El pastor era cada vez más elocuente, y su congregación multicultural le daba muchísimo aliento.

«Así es, hermano Rubén. ¡Predícalo!», escuché que gritó un señor de edad.

«Gracias, Jesús», dijo una señora a mi derecha con sus ojos cerrados y su mano derecha levantada en alto.

Mi chofer, a quien conocí en el aeropuerto, me puso al tanto de la historia de la iglesia y su líder. «Cuando el pastor Rubén llegó aquí», dijo, «solo tenía unos treinta miembros. Ahora tenemos dos mil. La iglesia estaba muerta, pero él nos amó. Sabe cómo motivar a la gente, y Dios nos ha bendecido».

Mi anfitrión me contó acerca del ministerio de la iglesia a las personas sin techo: cómo convirtieron un almacén cercano en un refugio que ahora albergaba a más de ciento cincuenta personas cada noche. Me habló de su comedor. «Voy tres días a la semana y ayudo a servir el almuerzo», me dijo. «Es lo más importante de mi semana». Me habló acerca de su programa de recuperación para los jóvenes que eran adictos a las drogas.

Estaba pensando en todo lo que me dijo mientras estaba sentado en la parte posterior de la iglesia y escuchaba al pastor Rubén, quien tejía las palabras juntas de una manera fascinante. Todavía recuerdo los tres puntos de su sermón: (1) Dios te conoce; (2) Dios te ama; y (3) Dios te desea. Escuchaba mientras recorría el Antiguo y el Nuevo Testamento, dando ejemplos para cada uno de sus puntos. Hablaba de los profetas hebreos como si fueran sus amigos. Citaba las Escrituras con toda confianza.

«Escuchen las palabras de Dios al antiguo Israel», dijo: «"Con amor eterno te he amado, por eso te he atraído con misericordia"[1]. ¿Ustedes creen que Dios amó a Israel más de lo que Él los ama a ustedes? Y escuchen estas palabras de Jesús cuando se enfrentó a la muerte: "Sabiendo Jesús que su hora había llegado para pasar de este mundo al Padre, habiendo amado a los suyos que estaban en el mundo, los amó hasta el fin"[2]. Dios siempre ha amado a sus hijos; Dios siempre amará a sus hijos; y Él quiere que seas su hijo», dijo Rubén con profunda pasión.

Estaba cansado y con sueño. El edificio estaba caliente. Aun así, ni una sola vez cabeceé mientras escuchaba a este elocuente maestro de la palabra al demostrar su argumento en favor del amor de Dios, llamando a sus oyentes al arrepentimiento y a la fe en Cristo. Mientras les suplicaba a los pecadores venir a Cristo, varias personas dejaron sus asientos, caminaron hacia el frente y se inclinaron ante el altar. Varios lloraban. «Ven a casa, ven a casa», declaraba Rubén. «Dios te ama mucho y quiere que seas su hijo».

Por último, el servicio se acercaba a su fin y Rubén me llamó al frente. Me presentó a la congregación porque me habían invitado a hablar la noche siguiente en un evento de enriquecimiento del matrimonio para las parejas de la iglesia. Entonces, después del servicio, la esposa de Rubén, Patsy, me invitó a su casa para el postre y para conocer a la pareja que dirigía su ministerio de enriquecimiento matrimonial.

Después que nos conocimos y empezábamos a sentirnos cómodos, le dije a Patsy:

—Descríbeme a tu esposo. ¿Qué clase de hombre es?

(Al ser consejero matrimonial, puedo hacer ese tipo de preguntas).

—Ah, de seguro que es un romántico —dijo—. Me escribe poemas; a veces me canta canciones. Me habla acerca de lo maravillosa que soy.

—Entonces, debes tener un tanque de amor lleno —le dije.

—Ese es el problema. Leí su libro, y mi lenguaje del amor son los actos de servicio. Quiero que lave los platos —dijo entre risas—. Ya sabe, aspirar el piso, sacar la basura, que me ayude en la casa. Sé que me ama, pero a veces no me siento amada. A menudo sus palabras parecen vacías. Es casi como si estuviera tratando de consentirme. Sé que es sincero, pero necesito más que palabras.

Sentí que esta conversación había ido un poco más allá de lo que había previsto, por lo que le dije a Patsy:

—Te pareces a mi esposa. Su lenguaje del amor es también actos de servicio. Me tomó mucho tiempo hacer la conexión entre lavar los platos y el amor —me reí y cambié de tema.

Rubén también se reía, y en menos de un minuto estábamos hablando de los Osos de Chicago.

A la noche siguiente, una vez que terminó la sesión de enriquecimiento del matrimonio, Rubén me llevó a mi hotel después de dejar a Patsy en su casa. Mientras nos alejábamos de la casa, Rubén dijo: «Tú has estimulado mi pensamiento. Tengo una buena esposa. Hemos estado casados durante diecisiete años, pero no estoy seguro de que supla sus necesidades emocionales. Este concepto del lenguaje del amor me ha abierto los ojos. De seguro que voy a leer tu libro. Creo que tengo algo de trabajo que hacer».

Yo estaba impresionado por la sensibilidad y la franqueza de Rubén. Le volví a insistir en el tiempo que me llevó descubrir el lenguaje del amor de mi esposa, y le comenté la diferencia que marcó en mi propio matrimonio.

Un año más tarde, me encontré con Rubén de nuevo en una conferencia nacional de pastores en Chicago. Corrió hacia mí, me dio un gran abrazo y me dijo: «Solo quiero decirte la diferencia que marcaste en mi matrimonio y en mi ministerio. He estado usando tus cinco lenguajes del amor en mi consejería y en mi enseñanza desde que viniste a nuestra iglesia. Y Patsy me dijo que si te veía, te informara que ahora le estoy lavando los platos». Los dos nos reímos de buena gana, y yo le pregunté si esa tarde podíamos pasar juntos algún tiempo. Quería conversar con este hombre que había hecho un impacto tan fuerte en tantas vidas.

Entre otras cosas, esa tarde le pedí a Rubén que me hablara de su conversión a Cristo.

—Bueno, es una larga historia —comenzó—. Cuando era niño, mi madre me llevaba a la iglesia. El pastor era un hombre mayor que predicaba a menudo sobre el amor de Dios y de cómo Dios valora al individuo. Recuerdo que decía: "Dios te amará cuando todos los demás se alejan de ti. Cada uno es alguien a los ojos de Dios". Él me motivó a querer ser alguien.

»Mi madre siempre quiso que yo fuera a la universidad, así que me esforcé mucho en el instituto para poder asistir. Lo lamentable es que cuando llegué allí, me asocié con la gente equivocada. Al poco tiempo, andaba más en fiestas de lo que estaba estudiando. Una noche cerca del final de mi primer año, estaba en una fiesta y bebí muchísimo. A la mañana siguiente, me desperté tumbado en un campo cercano y no tenía idea de cómo llegué hasta allí. Me senté, me restregué los ojos y oí cantar a los pájaros. Y tan claro como una campana, escuché las palabras de mi viejo pastor: "Dios te amará cuando todos los demás se alejan de ti. Cada uno es alguien a los ojos de Dios".

»Comencé a llorar. Sabía que esas palabras eran ciertas, y sabía que caminaba en la dirección equivocada. Lloré durante mucho tiempo, y luego le dije a Dios: "Perdóname por actuar como un don nadie, cuando a tus ojos, soy alguien. Perdóname por alejarme de tu amor. Si me perdonaras y vinieras a mi vida, voy a ser alguien para ti".

»Fue como si escamas cayeran de mis ojos —continuó Rubén—. Me sentí como si hubiera llegado a casa después de un largo viaje. Sabía que Dios me había perdonado, y sabía que quería que les hablara a los demás acerca de su amor. Me salvó y me llamó a predicar mientras estaba sentado en ese campo por la mañana.

»Ese fin de semana fui a mi casa y le conté a mi madre lo sucedido. Ella gritó por toda la casa alabando a Dios porque Él había salvado a su hijo. Llamó al pastor y le contó lo sucedido, y él me invitó para que se lo dijera a la gente en la iglesia. Por lo que el domingo siguiente di un testimonio de lo que Dios había hecho en mi vida y le dije a la congregación que tenía la intención de seguirlo y ser predicador.

»He caminado con Él desde entonces. Cambié mi carrera universitaria a oratoria con una especialización en inglés, y predicaba cada vez que tenía una oportunidad. Cuando llegué al seminario, una pequeña iglesia me llamó para que fuera su pastor. Así que fui pastor mientras asistía al seminario.

—¿Te gusta la predicación? —le pregunté.

—Prefiero predicar que comer, y sé cómo a los pastores les gusta comer —dijo Rubén con una sonrisa en su rostro—. Cuando estoy predicando, me siento que estoy haciendo la tarea para la que me crearon. Es mi manera de darle gracias a Dios por lo que ha hecho por mí. Me siento más cerca de Él cuando estoy predicando.

LAS PALABRAS DE AFIRMACIÓN DE DIOS

Lo que Rubén me contó esa tarde estimuló la investigación que dio lugar a este libro. Era evidente que el lenguaje principal de Rubén era el de palabras de afirmación. Se las decía con soltura a su mujer, y más tarde me enteré de que sus palabras de aliento caracterizan sus relaciones con los demás. En su matrimonio, no siempre se sintió amado por Patsy, pues a menudo utilizaba palabras de crítica acerca de que no la ayudaba en la casa. Sin embargo, después que ambos identificaron el lenguaje principal del amor de cada uno, Patsy comenzó a darle afirmación verbal, y él empezó a hablar su lenguaje del amor en actos de servicio. Como resultado, el clima emocional de su matrimonio mejoró en gran medida.

Lo que más me llamó la atención de la historia de Rubén es que la manera en que las personas se interrelacionan en un nivel humano tiende a ser verdad en un nivel espiritual también. Rubén respondió mejor a las palabras de afirmación, y así fue cómo Dios llegó a un extraviado estudiante de primer año. Rubén recordó las palabras de su pastor: «Dios te amará cuando todos los demás se alejan de ti. Cada uno es alguien a los ojos de Dios». Para él, fueron palabras de Dios que lo conmovieron de manera profunda. Y una vez que regresó a casa hacia Dios, su primer deseo fue expresarle su amor a Dios; de nuevo, a través de las palabras de afirmación. Él les afirmaría el amor de Dios a los demás a través del poder de la palabra hablada.

Algunas personas, incluso pastores, encuentran muy difícil hablar en público. Rubén, en cambio, se sentía más cerca de Dios cuando predicaba. Era su manera de darle gracias a Dios.

Rubén le enseñó a su congregación los otros lenguajes del amor también. Le enseñó que darle regalos a Dios (diezmos, ofrendas, nuestro tiempo y habilidades en el servicio) es una expresión de amor, y que las personas le muestran amor a Dios sirviendo a los demás. Reconocía la disciplina de la meditación y la oración en la que uno pasa tiempo de calidad con Dios, así como el valor de tocar a los demás. Sin embargo, para Rubén, la expresión más natural de su amor a Dios estaba en el uso de la palabra tanto para afirmar a Dios como para animar a otros.

¿Fue única la experiencia de Rubén con Dios? De ningún modo. La Biblia está llena de ejemplos de Dios hablando palabras de afirmación. Es más, la Biblia misma a menudo se le conoce como la «Palabra de Dios». La frase: «La palabra del SEÑOR vino a [Isaías, Jeremías, etc.]», se encuentra con frecuencia a través de los libros proféticos del Antiguo Testamento para afirmar que el mensaje era de Dios antes que del profeta.

El Nuevo Testamento lo explica mucho más: «Toda la Escritura es inspirada por Dios y útil para enseñar, para reprender, para corregir y para instruir en la justicia, a fin de que el siervo de Dios esté enteramente capacitado para toda buena obra». También dice: «Tengan muy presente que ninguna profecía de la Escritura surge de la interpretación particular de nadie. Porque la profecía no ha tenido su origen en la voluntad humana, sino que los profetas hablaron de parte de Dios, impulsados por el Espíritu Santo»[3].

Todas las palabras de Dios afirman el valor de los seres humanos. El pensamiento nihilista moderno llega a la conclusión de que las personas no tienen ningún valor y sus vidas no tienen sentido, pero ese no es el mensaje de las Escrituras.

En el primer capítulo de la Biblia leemos: «Y dijo [Dios]: "Hagamos al ser humano a nuestra imagen y semejanza. Que tenga dominio sobre los peces del mar, y sobre las aves del cielo; sobre los animales domésticos, sobre los animales salvajes, y sobre todos los reptiles que se arrastran por el suelo". Y Dios creó al ser humano a su imagen; lo creó a imagen de Dios. Hombre y mujer los creó»[4]. Independientemente de lo que significa este pasaje, coloca a las personas por encima de los animales y les da la capacidad de tener una relación con Dios.

El Nuevo Testamento afirma el relato de la creación. El autor de Hebreos escribió (citando al salmista) que Dios hizo al ser humano un poco menor que los ángeles y los coronó de gloria y de honra[5].

Todos los mandamientos específicos de Dios en el Antiguo y en el Nuevo Testamento afirman nuestro valor, fluyen de su amor y nos dirigen hacia un objetivo superior. Algunas personas encuentran restrictivos los mandamientos de Dios y se rebelan en su contra. Sin embargo, quienes conocen a Dios creen que sus prohibiciones se diseñaron para impedir que esas cosas los destruyeran.

También creen que las advertencias de Dios se diseñaron para ayudarles a experimentar lo mejor de la vida.

El pueblo de Dios acepta las palabras del profeta Isaías: «Así dice el SEÑOR, tu Redentor, el Santo de Israel: "Yo soy el SEÑOR tu Dios, que te enseña lo que te conviene, que te guía por el camino en que debes andar. Si hubieras prestado atención a mis mandamientos, tu paz habría sido como un río; tu justicia, como las olas del mar"»[6].

El Dios de la Biblia se caracteriza por ser el Dios que habla. Sus palabras están diseñadas para establecer una relación con las personas. Las Escrituras declaran muy a menudo palabras de aliento de Dios:

- *«No temas, porque yo estoy contigo; no te angusties, porque yo soy tu Dios. Te fortaleceré y te ayudaré; te sostendré con mi diestra victoriosa».*

- *«Porque yo sé muy bien los planes que tengo para ustedes [...] planes de bienestar y no de calamidad, a fin de darles un futuro y una esperanza».*

- *«Con amor eterno te he amado; por eso te sigo con fidelidad».*

- *«Convertiré su duelo en gozo, y los consolaré; transformaré su dolor en alegría»[7].*

LAS PALABRAS DE AFIRMACIÓN DE JESÚS

Las palabras de Jesús de Nazaret confirmaron las de Dios en las Escrituras del Antiguo Testamento. Traen vida y esperanza a todas las personas que respondan:

- *«Ciertamente les aseguro que el que oye mi palabra y cree al que me envió, tiene vida eterna y no será juzgado, sino que ha pasado de la muerte a la vida».*

- *«Yo soy el pan de vida [...] El que a mí viene nunca pasará hambre, y el que en mí cree nunca más volverá a tener sed».*

- *«Porque la voluntad de mi Padre es que todo el que reconozca al Hijo y crea en él, tenga vida eterna, y yo lo resucitaré en el día final».*

- «*Mis ovejas oyen mi voz; yo las conozco y ellas me siguen. Yo les doy vida eterna, y nunca perecerán, ni nadie podrá arrebatármelas de la mano. Mi Padre, que me las ha dado, es más grande que todos; y de la mano del Padre nadie las puede arrebatar. El Padre y yo somos uno*».
- «*¡Miren que vengo pronto! Traigo conmigo mi recompensa, y le pagaré a cada uno según lo que haya hecho. Yo soy el Alfa y la Omega, el Primero y el Último, el Principio y el Fin [...] El que tenga sed, venga; y el que quiera, tome gratuitamente del agua de la vida*»[8].

Jesús vino a demostrar el amor de Dios, dándose a sí mismo como un sacrificio por los pecados de cada hombre y mujer. Jesús dijo que Él era el Hijo de Dios. ¿Quién puede comprender las profundidades del amor de Jesús, a quien, cuando le crucificaban, oró: «Padre [...] perdónalos, porque no saben lo que hacen[9]»? Las palabras de Jesús afirmaron con claridad su amor por la humanidad. Su amor era incondicional.

Declaró su propósito de manera clara cuando dijo: «Yo soy la puerta; el que entre por esta puerta, que soy yo, será salvo [...] El ladrón no viene más que a robar, matar y destruir; yo he venido para que tengan vida, y la tengan en abundancia. Yo soy el buen pastor. El buen pastor da su vida por las ovejas»[10].

De principio a fin, la Biblia describe a un Dios amoroso que declara su amor al expresar palabras de verdad, consuelo y redención. Tales palabras de afirmación son el lenguaje del amor que Dios habla con fluidez.

RESPONDE CON PALABRAS DE AFIRMACIÓN: MARTÍN LUTERO

Muchas personas testifican que la «conexión con Dios» se debió a la lectura de la Biblia. Un ejemplo es Martín Lutero. Como un joven monje, Lutero trató de encontrar la paz con Dios viviendo una vida de ascetismo estricto. Sentado solo en su habitación, muy preocupado por su relación con Dios, Lutero abrió su Biblia y comenzó a leer la carta de Pablo a los Romanos. Cuando llegó al capítulo 1 de Romanos, versículo 17, leyó: «El justo por la fe vivirá» (RV-60). Hizo una pausa. Reflexionó. Entonces, un gozo indecible inundó su corazón.

Se había esforzado mucho por complacer a Dios con una vida de disciplina. Ahora, sus ojos se abrieron: entendió que la salvación era por fe, no por obras. Esta palabra de Dios era para él la «puerta al Paraíso». A partir de ese momento, la vida de Martín Lutero se centró en escuchar las palabras de Dios. Para él, la Biblia era la Palabra de Dios. Su devoción recién descubierta lo inspiró a ir en contra de la iglesia establecida de su tiempo, la que hacía más hincapié en la tradición y los esfuerzos religiosos que en las Escrituras. Los deseos de Lutero eran que la gente volviera a la Palabra de Dios.

Basados en relatos de su vida y sus cartas personales, parece que el lenguaje principal del amor de Martín Lutero era el de palabras de afirmación. En una carta a su bella esposa, Catalina, comenzó: «Para mi muy amada esposa Catalina Lutero, en sus propias manos. ¡Dios te saluda en Cristo, mi muy querida Katie! Espero [...] que pueda regresar [a casa] mañana o al día siguiente. Ruégale a Dios que llegue a casa sano y salvo». Para Hans, su hijo de seis años de edad, escribió: «Gracia y paz en Cristo, mi pequeño hijo querido. Escucho con gran placer que estás aprendiendo muy bien tus lecciones y que oras con mucha diligencia. Sigue haciéndolo, hijo mío, y no ceses»[11].

En el ámbito espiritual, Martín Lutero usaba poderosas palabras de muchas maneras, a fin de expresar su devoción a Dios. Sus palabras eran tanto de condena como de afirmación cuando escribió himnos y comentarios bíblicos, desarrolló un catecismo, tradujo la Biblia del latín al alemán y predicó miles de sermones. Mientras que otros monjes meditaban, Lutero hablaba y escribía.

Su himno más conocido, «Castillo fuerte es nuestro Dios», se centra en el poder de la Palabra de Dios. Dale un vistazo a las palabras de Lutero en la tercera estrofa:

Aunque estén demonios mil
Prontos a devorarnos,
No temeremos, porque Dios
Sabrá aun prosperarnos.
Que muestre su vigor Satán, y su furor;
Dañarnos no podrá;
Pues condenado es ya
Por la Palabra Santa.

A Lutero también se le recuerda por sus noventa y cinco tesis, cuidadosamente pensadas, escritas y clavadas en la puerta de la iglesia en el castillo de Wittenberg, Alemania. La lista de las creencias fundamentales de Lutero encendería los fuegos de la Reforma.

RESPONDE CON PALABRAS DE AFIRMACIÓN: EL REY DAVID

Tal vez el mejor ejemplo bíblico de una persona cuyo lenguaje principal del amor fuera el de palabras de afirmación sea David, el segundo rey de Israel. En diversas ocasiones, David indicó lo mucho que le conmovían las palabras de Dios. Estos son solo algunos ejemplos:

- *«¡Cuán dulces son a mi paladar tus palabras! ¡Son más dulces que la miel a mi boca! De tus preceptos adquiero entendimiento; por eso aborrezco toda senda de mentira. Tu palabra es una lámpara a mis pies; es una luz en mi sendero».*
- *«Tus estatutos son mi herencia permanente; son el regocijo de mi corazón».*
- *«En tu palabra he puesto mi esperanza».*
- *«Yo me regocijo en tu promesa como quien halla un gran botín. Aborrezco y repudio la falsedad, pero amo tu ley. Siete veces al día te alabo por tus rectos juicios. Los que aman tu ley disfrutan de gran bienestar, y nada los hace tropezar»*[12].

David también utilizó palabras de afirmación en respuesta a Dios, como una expresión de su amor:

- «*Que los que aman tu salvación digan siempre: "¡Cuán grande es el SEÑOR!"*».
- «*Con cánticos alabaré el nombre de Dios; con acción de gracias lo exaltaré. Esa ofrenda agradará más al que la de un toro o un novillo con sus cuernos y pezuñas*».
- «*¡Cuánto amo yo tu ley! Todo el día medito en ella. Tus mandamientos me hacen más sabio que mis enemigos porque me pertenecen para siempre*».
- «*¡Prorrumpa mi boca en alabanzas al SEÑOR! ¡Alabe todo el mundo su santo nombre, por siempre y para siempre!*».
- «*¡Aleluya! ¡Alabado sea el SEÑOR! Alaba, alma mía, al SEÑOR. Alabaré al SEÑOR toda mi vida; mientras haya aliento en mí, cantaré salmos a mi Dios*»[13].

Es evidente que la manera principal de David para expresarle su amor a Dios era a través de las palabras de alabanza, acción de gracias y adoración. Si tienes alguna duda sobre el lenguaje principal de David, lee el Salmo 18, en el que David responde después que Dios le libra de sus enemigos. Durante cincuenta versículos, le expresa su amor a Dios en algunos de los más bellos lenguajes escritos jamás.

David solo tuvo acceso a los cinco libros de la Biblia hebrea (conocida casi siempre como el Pentateuco o la Torá), pero de seguro que los vio como las palabras de Dios. Dijo de las Escrituras: «Tu palabra, SEÑOR, es eterna, y está firme en los cielos [...] Todo subsiste hoy, conforme a tus decretos, porque todo está a tu servicio. Si tu ley no fuera mi regocijo, la aflicción habría acabado conmigo. Jamás me olvidaré de tus preceptos, pues con ellos me has dado vida»[14].

David veía todas las palabras de Dios (leyes, ordenanzas, mandamientos, preceptos, testimonios, estatutos y juicios) como expresiones de quién es Dios. Las tomaba como verdad suprema, tan cierta como Dios mismo. Basó su vida en las palabras de Dios. Como mejor podemos determinar, David escribió setenta y tres de los salmos que se encuentran en la Biblia. Muchos son expresiones de alabanza y acción de gracias a Dios. Sus palabras son parte de la más sentida literatura emocional en la Biblia. David expresó con claridad su devoción a Dios a través de las palabras de afirmación.

«MIS ORACIONES FLUYEN CON ALABANZA»

Una forma en la que Dios expresa su amor es a través de palabras, y muchas personas le responden sobre todo mediante las palabras de afirmación. De seguro que esto fue cierto para mi amigo el pastor Rubén, Martín Lutero y el rey David.

Este también fue el caso de Jason, a quien conocí en Riverside, California.

—Mi lenguaje del amor es el de palabras de afirmación —me dijo—. Una vez que mi esposa empezó a hablar palabras de afirmación, mi amor por ella se hizo más intenso.

Mucho más tarde en nuestra conversación, le pregunté:

—¿Cuándo te sientes más cerca de Dios?

—Me siento más cerca de Dios cuando le canto alabanzas y cuando estoy orando —me respondió—. Mis oraciones fluyen con alabanza y acción de gracias a Dios, diciéndole lo mucho que le amo.

Miles de seguidores contemporáneos de Jesús se pueden identificar con Jason. Las palabras de Dios han atrapado sus corazones, y le corresponden a su amor al expresarle palabras de alabanza. Sin embargo, muchos otros quizá tengan una respuesta diferente a la que dio Jason a esta pregunta.

Para otro grupo importante, su método de adorar y expresar su amor a Dios no se centra en las palabras, sino en tiempo de calidad. Prestemos atención al próximo grupo a medida que examinamos otro lenguaje del amor de Dios.

PREGUNTAS PARA REFLEXIÓN O DISCUSIÓN

(1) ¿Alguna vez te has conmovido por las palabras de afirmación de otra persona hacia ti? Piensa en algunos ejemplos.

(2) ¿Cuándo fue la última vez que usaste palabras de afirmación para animar a otra persona? ¿Cuán coherente fuiste? ¿Cuál fue el resultado?

(3) ¿Cómo usa Dios las palabras de afirmación para animarte?

(4) ¿Cómo podrían las palabras de afirmación incorporarse en tu adoración a Dios? (¿Canciones? ¿Lectura de la Escritura? ¿Poesía? ¿Oración? ¿Sirviendo como liturgista?).

DIOS HABLA EL SEGUNDO LENGUAJE DEL AMOR:

TIEMPO *de* CALIDAD

Greta era una colega oradora en la conferencia nacional de mujeres en Los Ángeles. Después que terminé la conferencia describiendo los cinco lenguajes del amor, y la importancia de entender y hablar el lenguaje principal del amor de otra persona, se precipitó hacia mí y dijo con entusiasmo: «Tenemos que hablar». No sabía lo que quería hablar, pero después de escuchar su conferencia sobre la mujer y la espiritualidad, y de observar su espíritu exuberante, estaba seguro de que la conversación no sería aburrida. Nos pusimos de acuerdo en reunirnos la tarde del día siguiente.

Cuando nos reunimos, Greta se lanzó directo al tema.

—Déjeme decirle lo que pienso de la noche anterior. Después de escuchar su conferencia, me parece que Dios nos habla en nuestro lenguaje principal del amor, lo que explica por qué algunas personas tienen conversiones emocionalmente dramáticas y conmovedoras.

»Por ejemplo —continuó—, mi esposo se convirtió en una iglesia que un compañero de trabajo lo invitó a visitar. El segundo domingo que asistió, el amigo le preguntó si le gustaría ir al frente y que la gente orara por él. Sin querer ofender a su colega, estuvo de acuerdo. Varios hombres se reunieron a su alrededor y comenzaron a orar en voz alta al mismo tiempo. Mi esposo dijo que nunca había oído nada igual. Sin embargo, a los cinco minutos, estaba llorando sin control y pidiéndole perdón a Dios. Dijo que la sensación era como electricidad corriendo a través de su cuerpo, y se sintió limpio por completo. Era como si Dios lo tocara en realidad.

»Cuando llegó a casa y me contó la experiencia, no quise tener nada que ver con eso. Para mí era sentimentalismo religioso, y no podía creer que había quedado atrapado en esto. Aun así, él continuó asistiendo a la iglesia y comenzó a llevarme libros a casa para que los leyera.

»Mi propia conversión fue muy diferente. Llegó a través de meses de oración, lectura de las Escrituras y contemplación. Me motivó a seguir buscando porque sabía lo importante que fue para mi esposo la experiencia espiritual. Sin embargo, nunca tuve una experiencia dramática como la suya. Más bien, poco a poco empecé a darme cuenta de que me estaba convirtiendo en una seguidora de Jesús. A medida que continuaba leyendo las Escrituras, era como si Dios comenzara a hablarme. Me di cuenta de que lo que leía era verdad y que detrás de la verdad había un Dios que me amaba.

Nueve meses después de la conversión de su esposo, una mañana Greta estaba teniendo su acostumbrado tiempo de lectura y meditación de la Biblia. Leyó Apocalipsis 3:20, donde Jesús decía: «Mira que estoy a la puerta y llamo. Si alguno oye mi voz y abre la puerta, entraré, y cenaré con él, y él conmigo».

—Me parecía muy claro que en los últimos meses Dios había estado llamando a la puerta de mi vida —dijo Greta—. Esa mañana de veras le dije: "Adelante. Quiero compartir el resto de mi vida contigo".

»No lloré. La emoción no me entusiasmaba —explicó Greta—. Fue un momento tranquilo y sereno durante el cual mi corazón se abrió y permitió que Dios entrara en mi vida.

»Ahora lo veo todo con mucha claridad. El lenguaje principal de mi esposo es el toque físico, y mi lenguaje principal del amor es tiempo de calidad. Dios habló ambos lenguajes y nos llevó a los dos a entender que nos ama —dijo Greta—. Nunca había entendido por completo la experiencia de mi esposo, y él se pregunta cómo puedo estar tan tranquila respecto a mi relación con Dios. Sin embargo, ambos sabemos que somos seguidores de Jesús. Esto ha tenido un efecto muy profundo en la vida de los dos.

Apenas sin tomar aliento, Greta continuó:

—Ayer por la noche me di cuenta de que Dios no solo habla nuestro lenguaje principal del amor para mostrarnos su amor, sino que nosotros hablamos nuestro lenguaje principal del amor para mostrarle nuestro amor a Dios. Mi esposo le expresa su amor a Dios cantando canciones de alabanza en la iglesia. Levanta las dos manos hacia Dios, a menudo cierra los ojos y canta con todo su corazón. A veces, veo que las lágrimas le corren por sus ojos mientras canta. Sus emociones se agitan. Con frecuencia dice: "Sentí la presencia de Dios". Yo nunca haría eso —dijo Greta—. En realidad, eso no es para mí.

—Entonces, ¿cómo le expresas tu amor a Dios? —le pregunté.

—Al pasar tiempo de calidad con Dios, por supuesto. Usted no tiene que preguntarme eso; ya lo sabía —me dijo con una sonrisa—. Mi mayor gozo es pasar tiempo con Dios en el estudio de las Escrituras. Puedo pasar toda una mañana. Pierdo la noción del tiempo. A mi esposo le resulta difícil pasar más de diez minutos leyendo la Biblia o un libro devocional. Preferiría entonar canciones de alabanza en la iglesia y "sentir la presencia de Dios". Ahora me doy cuenta de que es tan sincero como yo. Solo es que le hablamos a Dios con diferentes lenguajes del amor.

Vi a Greta dos años más tarde en una conferencia de matrimonios. Me presentó a su esposo, Rod.

—Este es el hombre que me enseñó cómo amarte —le dijo a él.

Rod tenía esa mirada desconcertada en su cara hasta que ella le dijo:

—Él escribió el libro *Los cinco lenguajes del amor*.

—Nuestro matrimonio ha cambiado —dijo Rod sonriendo—. No podía creerlo cuando Greta llegó a casa y comenzó a hablar mi lenguaje. Le agradará saber que tenemos una cita en la noche cada semana y cada noche tenemos quince minutos de "tiempo de pareja". Estoy seguro de que el tanque de amor de Greta está lleno.

Cuando pregunté acerca de cómo el concepto del lenguaje del amor influyó en su adoración a Dios, Rod dijo:

—Ah, todavía levanto mis manos en alabanza a Dios y Greta sigue pasando tiempo en la meditación.

Ambos rieron y Greta dijo:

—Es cierto. Sin embargo, ahora nos estamos dando el uno al otro la libertad de expresarle nuestro amor a Dios de manera diferente.

LOS PATRIARCAS JUDÍOS Y EL ANTIGUO ISRAEL

La historia bíblica y posbíblica confirma lo que Greta y Rod aprendieron acerca de experimentar el amor de Dios. Las Escrituras del Antiguo Testamento describen cómo Dios pasaba tiempo de calidad con Adán y Eva. En el fresco de la tarde, caminaban y hablaban juntos en el jardín del Edén. Solo después de la caída fue que Adán y Eva se escondieron de Dios, sabiendo que habían traicionado su confianza en ellos[1].

Más tarde, a Abraham se le llamó «amigo de Dios». A menudo, Dios hablaba personalmente con Abraham. En una ocasión, cuando Dios estaba a punto de traer juicio sobre la malvada ciudad de Sodoma, donde vivía el sobrino de Abraham, Dios dijo: «¿Le ocultaré a Abraham lo que estoy por hacer?»[2]. Es más, Dios no le ocultó sus intenciones, sino que en realidad entabló una conversación con Abraham, quien trató de persuadirlo para que no destruyera al justo con el impío. Dios estuvo de acuerdo de salvar la ciudad si tan solo diez personas justas se encontraran viviendo allí. Y cuando no se pudo encontrar a las diez, Dios liberó primero a Lot, el sobrino de Abraham, y su familia antes de juzgar a Sodoma.

Los Salmos a menudo hablan del amor de Dios para los que Él creó y su deseo de acercarse y pasar tiempo de calidad con ellos.

Por ejemplo: «El Señor es justo en todos sus caminos y bondadoso en todas sus obras. El Señor está cerca de quienes lo invocan, de quienes lo invocan en verdad»[3].

Por medio del profeta Isaías, Dios habló de su amor por Israel y prometió que su presencia estaría con ellos en tiempos de problemas. «No temas, que yo te he redimido; te he llamado por tu nombre; tú eres mío. Cuando cruces las aguas, yo estaré contigo; cuando cruces los ríos, no te cubrirán sus aguas»[4].

El salmista habla de una íntima relación de amor con Dios basada en la voluntad de Dios de darle una particular atención: «Yo amo al Señor porque él escucha mi voz suplicante. Por cuanto él inclina a mí su oído, lo invocaré toda mi vida»[5]. Dios atrajo al salmista debido a la disposición de Dios para hablar con él en su momento de necesidad.

El Nuevo Testamento describe una relación similar con Dios como promete Santiago: «Acérquense a Dios, y él se acercará a ustedes»[6].

LA VIDA Y EL MINISTERIO DE JESÚS

La idea de que el Dios eterno desea pasar tiempo de calidad con sus criaturas es uno de los aspectos únicos de la fe del cristianismo. Los dioses creados por la imaginación de las mentes humanas siempre han estado muy alejados de la vida diaria de las personas. Los dioses de los antiguos mitos griegos y romanos tenían que aplacarse o temerse. No existía la idea de tener una estrecha relación personal con esas deidades.

Por otro lado, Jesús indicó que el deseo de toda la Trinidad (Dios Padre, Dios Hijo y Dios el Espíritu Santo) era «morar» (hacer una vivienda) con cualquier persona que respondiera al amor de Dios[7]. Jesús prometió que nunca dejaría a sus seguidores, sino que les dijo que estaría con ellos para siempre. En una de las oraciones de Jesús, Él dijo: «Padre, quiero que los que me has dado estén conmigo donde yo estoy. Que vean mi gloria, la gloria que me has dado porque me amaste desde antes de la creación del mundo»[8].

Es evidente que Jesús deseaba tiempo de calidad con todos los que respondieran a su amor.

El diseño del ministerio terrenal de Jesús fue una ilustración de tiempo de calidad. Él les predicó a las multitudes, pero pasó tiempo de calidad con doce hombres. «Designó a doce [...] para que lo acompañaran»[9]. Más tarde nombraría a esos hombres como apóstoles, a fin de llevar a cabo su ministerio. Así, en preparación, Jesús pasó tiempo de calidad con ellos para convencerlos del amor de Dios por la humanidad.

Jesús no trató de hacer que su ministerio fuera lo más *amplio* posible, sino lo más *profundo* posible. Él quería que sus apóstoles escogidos experimentaran su amor lo más profundo posible. Durante tres años y medio disfrutaron comidas, viajes, experiencias y conversaciones extensas. Él les enseñaba a las multitudes en parábolas, pero les proporcionaba a los Doce una explicación mucho más completa de su mensaje durante sus momentos especiales juntos.

Por supuesto, Jesús también pasó tiempo de calidad con otras personas. En una ocasión, Él y sus discípulos visitaron a una mujer llamada Marta y a su hermana, María. Después de la formalidad de los saludos, Marta se ocupó en la cocina preparando una comida para Jesús y sus discípulos, mientras que María se sentó cautivada con su enseñanza. Marta estaba molesta porque su hermana no la ayudaba con la comida. Al final, estaba tan abrumada que en realidad entró en la habitación, interrumpió a Jesús y le pidió de favor que le dijera a su hermana que la ayudara.

Jesús no respondió como se esperaba Marta. Reconoció sus actos de servicio, pero dejó en claro que a Él también le complacía toda la atención de María. Jesús conocía el corazón de las dos hermanas. Marta estaba preocupada por hacer lo adecuado, pero no estaba motivada por el amor. Es más, su sentido del deber la distrajo para no desarrollar una relación de amor con Jesús.

Me imagino que el lenguaje del amor de Marta era el de actos de servicio y el de María el de tiempo de calidad, los cuales pueden ser expresiones válidas del amor de uno con Dios. En esta ocasión, sin embargo, la atención de Marta parecía basarse en el ritual en lugar de la relación. Puso el desempeño por encima de la persona de Cristo. Hacía lo que le resultaba natural, los actos de servicio, pero su corazón no estaba en esto. De manera muy similar, las personas cuyo lenguaje principal del amor es palabras de afirmación, a menudo pueden expresar palabras vacías y religiosas sin amor consciente hacia Dios. Todo auténtico amor por Dios brota de un corazón que de veras lo honra a Él.

LA HISTORIA DE JORGE MÜLLER

La historia está repleta de personas cuyo principal lenguaje del amor era el de tiempo de calidad y que le expresaron su amor a Dios al pasar lo que para otros hubieran sido enormes cantidades de tiempo en la oración, la lectura de la Escritura, la meditación y la atención sin distracción en Dios. Jorge Müller (a veces escrito Mueller) era una de esas personas. Müller, nacido en Alemania en 1805, a los veinte años se dedicó por completo al servicio de Dios. Era un estudiante de teología en la Universidad de Halle y dominaba seis idiomas: latín, griego, hebreo, alemán, francés e inglés.

Desde el comienzo de su ministerio, Müller rechazó salario alguno para sí mismo y no solicitaba contribuciones de los ministerios que él comenzó. Creía que la fe en Dios y la confianza en la oración satisfarían todas sus necesidades. Su ministerio incluía la distribución gratuita de Biblias y otra literatura cristiana, el establecimiento de escuelas cristianas de día para los pobres y, sobre todo, el compromiso de los orfanatos. En 1875, sus orfanatos habían alojado, alimentado y educado a más de dos mil niños ingleses.

El propósito de Müller en dirigir orfanatos era doble. En sus propias palabras:

Desde luego, deseaba de corazón que Dios me usara en beneficio de los cuerpos de los niños pobres que sufrían la pérdida de ambos padres, y buscar con la ayuda de Dios hacerles bien en otros aspectos para esta vida. También anhelaba en especial que Dios me usara en lograr que estos queridos huérfanos se educaran en el temor de Dios; aunque el primer y principal objetivo del trabajo era, y todavía es, que Dios se glorificara por el hecho de que los huérfanos bajo mi cuidado estuvieran provistos de todo lo que necesitaban, solo a través de la oración y la fe sin que yo ni mis colaboradores se lo pidiéramos a nadie, mediante lo cual pudiera verse que Dios todavía es fiel y escucha la oración[10].

Incluso antes de que Müller comenzara los orfanatos, su estilo de vida se caracterizaba por extensos períodos de tiempos de calidad con Dios. Lo siguiente son extractos de su diario.

• 18 de julio de 1832: «Hoy me pasé toda la mañana en la sacristía, a fin de procurar un período de tranquilidad. Durante algún tiempo, esta ha sido la única manera, a causa de los múltiples compromisos, de asegurar el tiempo para la oración, la lectura de la Palabra y la meditación».
• 19 de julio de 1832: «Estuve en la sacristía desde las nueve y media hasta la una. Tuve una verdadera comunión con el Señor. ¡Alabado sea el Señor porque ha puesto en mi mente utilizar la sacristía para un lugar de retiro!».
• 25 de junio de 1834: «Estos tres últimos días he tenido muy poca comunión verdadera con Dios, y por eso he estado muy débil espiritualmente y me he sentido irritable varias veces».
• 26 de junio de 1834: «Por la gracia de Dios, pude levantarme temprano, y estuve casi dos horas en oración antes del desayuno. Ahora me siento más cómodo esta mañana».
• 29 de septiembre de 1835: «Anoche, cuando me retiré de la familia, tuve el deseo de irme a descansar en el acto, pues había orado un corto tiempo antes; y una sensación

de debilidad en el cuerpo con el frío de la noche era una tentación para que no orara más. Sin embargo, el Señor me ayudó a caer de rodillas; y apenas comencé a orar, Él iluminó mi alma y me dio un espíritu de oración como no he disfrutado en muchas semanas. Con bondad, revivió una vez más su obra en mi corazón. Disfruté de esa cercanía con Dios y del fervor en la oración durante más de una hora, por los que mi alma había anhelado durante muchas semanas anteriores [...] Me fui a la cama feliz en especial, y desperté esta mañana con una gran paz, me levanté más temprano que de costumbre, y de nuevo, durante más de una hora, tuve una verdadera comunión con el Señor antes del desayuno. Que Él, en misericordia, mantenga este estado del corazón de su hijo más indigno»[11].

Para Jorge Müller, el tiempo de calidad con Dios era el centro de su vida y le permitía sentir de manera profunda la presencia y la paz de Dios. Cuando se perdía el tiempo de calidad, se sentía alejado de Dios. (Les advertía a los hermanos en la fe que «a menudo el trabajo del propio Señor puede ser una tentación para alejarnos de esa comunión con Él que es tan esencial para el beneficio de nuestras propias almas»[12]).

Después de estar enfermo durante tres meses e incapaz de ministrar, escribió el 14 de enero de 1838: «Hoy pasé varias horas en oración, y leí de rodillas y oré por más de dos horas sobre el Salmo 63. Dios ha bendecido mi alma mucho hoy. Mi alma ahora ha llegado a ese estado en que me deleito en la voluntad de Dios, en lo que respecta a mi salud»[13]. Es evidente que los tiempos de calidad de Müller con Dios no eran ritualistas, sino profundos y personales. Influyeron en la totalidad de su vida.

El 7 de mayo de 1841, escribió: «Ahora, he visto que lo más importante que tenía que hacer era entregarme a la lectura de la Palabra de Dios y a la meditación sobre la misma; por lo tanto, mi corazón pudo ser consolado, animado, advertido, reprobado, instruido; y de ese modo, a través de la Palabra de Dios, mientras meditaba en ella, mi corazón podría ser llevado a una comunión experimental con el Señor»[14]. Fue esta «comunión experimental con el Señor» lo que le permitió a Müller llevar a cabo su ministerio.

Muchos de los que vuelven la vista atrás a la vida de Müller tienden a alabarlo por su trabajo con los huérfanos y el establecimiento de escuelas para los pobres de Inglaterra. Los cristianos contemporáneos están impresionados por lo que hizo sin solicitar fondos que es tan común en los esfuerzos filantrópicos en nuestra generación. Para Müller, sin embargo, su ministerio solo se debió a su tiempo de calidad con Dios. La comunión con Dios era mucho más importante en su mente que el cuidado de los pobres. «Creo muy firmemente», escribió una vez, «que nadie debe esperar ver mucho bien como resultado de sus trabajos en palabra y doctrina, si no es muy dado a la oración y la meditación»[15].

A pesar de que su vida se caracterizó por actos de servicio y palabras de afirmación en beneficio de los demás, el lenguaje principal de Müller era tiempo de calidad. Lo hablaba con fluidez a medida que desarrollaba su relación de amor con Dios. Tales tiempos prolongados de comunión con Dios han parecido incomprensibles tanto para los contemporáneos de Müller como para los que en los años siguientes leyeron de su vida y ministerio. Algunos suponen que era un «supersanto», impulsado por agradar a Dios. Otros han tratado de explicar el estilo de vida de Müller centrándose en la cultura en la que vivía. La vida era mucho más simple hace ciento setenta y cinco años cuando la gente se movía a un ritmo más lento y tenía más tiempo para la meditación y la contemplación.

Si bien esto es cierto, Müller era uno de los hombres más activos de su generación. Imagina el tiempo necesario para supervisar los orfanatos en varios lugares y numerosas escuelas para los niños pobres de las ciudades. Es evidente que Müller habría tenido el mayor número de demandas sobre su tiempo como cualquier administrador de hoy en día. Me parece que una mejor explicación es que Müller experimentaba el amor de Dios de manera muy profunda durante su tiempo de calidad. Fue de esa fuente que Müller no solo extrajo su visión, sino su energía. En esos momentos de contemplación mientras se concentraba en escuchar la voz de Dios a través de la Escritura, Müller estaba lleno de energía para llevar a cabo el ministerio al que le llamaron.

Cuando el lenguaje principal del amor de alguien es tiempo de calidad, los tiempos ininterrumpidos de la comunión con Dios no son difíciles, sino gozosos; no son una carga, sino que le quitan la carga. Como dijera Müller: «El primer y principal negocio grande que debo atender cada día es el de tener mi alma feliz en el Señor. La primera cosa por la que debo preocuparme no es cuánto podría servir al Señor, ni cómo puedo glorificarlo; sino cómo podría lograr que mi alma entre en un estado feliz y cómo mi hombre interior podría alimentarse»[16].

AL HABLAR EN UNA LENGUA MATERNA

Para Müller y miles como él, el tiempo de calidad es una lengua materna. Se trata de la manera más natural de experimentar el amor de Dios y corresponderle.

Hace poco, una mujer me dijo: «Me siento más cerca de Dios cuando tengo mi tiempo diario devocional con Él. Es la parte más importante de mi día. Cuando me olvido de ese momento, todo mi día parece vacío y no me siento tan cerca de Dios. En esos momentos personales con Él es que siento su amor. Sé que Él me ama aun cuando me olvido de mi tiempo devocional, pero no siento su amor». No todo el mundo se haría eco de la confianza de esta mujer, pero de seguro que es el caso de las personas cuyo lenguaje principal del amor es tiempo de calidad.

El espacio no permite darle un vistazo a decenas de personas cuyo lenguaje principal del amor fue el tiempo de calidad, pero cuatro me vienen a la mente: (1) David Brainard, estudiante de Yale del siglo XVI y pionero como misionero a los nativos estadounidenses; (2) E.M. Bounds (1835-1913), capellán confederado, ministro metodista y autor de numerosos libros, sobre todo acerca de la oración; (3) Charles Finney (1792-1875), sincero ministro presbiteriano y activista social; y, (4) el apóstol de la oración Juan Hyde (1865-1912), uno de los primeros misioneros a la India que tenía bien merecido su apodo[17].

Para estas personas, y otros con el lenguaje del amor de tiempo de calidad, las palabras del himno «A solas al huerto yo voy», por C. Austin Miles, son particularmente aplicables:

> *A solas al huerto yo voy,*
> *Cuando duerme aún la floresta;*
> *Y en quietud y paz con Jesús estoy,*
> *Oyendo absorto allí su voz.*
> *Tan dulce es la voz del Señor,*
> *Que las aves guardan silencio;*
> *Y tan solo se oye su voz de amor,*
> *Que inmensa paz al alma da.*
> *¡Él conmigo está, puedo oír su voz!*
> *Y que suyo, dice, seré;*
> *Y el encanto que hallo en él allí,*
> *Con nadie tener podré*[18].

Los que buscan tiempo con Dios descubrirán que Él está listo y esperando para reunirse a su lado. El tiempo de calidad es un lenguaje del amor que Él siempre está dispuesto a hablar.

PREGUNTAS PARA REFLEXIÓN O DISCUSIÓN

(1) ¿Conoces a alguien que te imaginarías que su principal lenguaje del amor es el de tiempo de calidad? ¿Qué te hace suponer eso?

(2) Una de las expectativas de *cada* creyente es pasar tiempo con Dios. ¿Qué crees que diferencian a los que su lenguaje principal del amor es tiempo de calidad de otros creyentes?

(3) Contrasta tu experiencia espiritual con la de otra persona que conozcas bien. ¿Puedes ver cómo una diferencia en el lenguaje del amor primario podría causar que aparezcan experiencias bastante diferentes, pero válidas por igual para Dios?

DIOS HABLA EL TERCER LENGUAJE DEL AMOR:

REGALOS

Antes de que existiera la autopista interestatal 20, se necesitaba más tiempo para conducir desde Carolina del Norte hasta Texas. Hace años hice ese viaje a Longview, Texas, después de leer la autobiografía de R.G. LeTourneau, *Mover of Men and Mountains*. Quería conocer a este genio de la ingeniería que diseñó su vida en torno a un compañerismo único con Dios.

Después de conducir toda la noche, llegué a las afueras de Longview alrededor de las nueve de la mañana. Me detuve para echar gasolina y le pregunté al encargado:

—¿Me puedes decir cómo llegar a la fábrica de R.G. LeTourneau?

—¿Quieres decir ese rico cristiano tonto? —me preguntó el encargado.

—¿Por qué dice eso? —le respondí.

—Porque dona el noventa por ciento de todo lo que gana. Eso no tiene sentido para mí.

R.G. LeTourneau no tenía sentido para mucha gente. En la década de 1920, fue el hazmerreír de ingenieros muy capacitados. En la escuela, no llegó más allá del octavo grado y nunca tomó un curso de ingeniería. No obstante, por la década de 1960 tuvo la distinción de haber construido el mayor de los equipos de movimiento de tierras en el mundo. Su filosofía era: «No hay trabajos grandes; solo máquinas pequeñas»[1].

Durante la Segunda Guerra Mundial, sus máquinas de movimiento de tierra se convirtieron en las «armas secretas» de la guerra. Después de la guerra, recibió el décimo premio anual de la Asociación Nacional de Defensa de transporte como la persona cuyo «logro contribuyó más a la eficacia de la industria del transporte en apoyo de la seguridad nacional»[2]. Era un hombre de sueños con un genio creativo sin precedentes para los ingenieros de su época. LeTourneau le atribuyó todo su éxito a dos factores. En primer lugar, Dios le dotó con el amor a las máquinas. Al principio, temía que su obsesión por las máquinas lo alejara de su amor a Dios. Sin embargo, desde joven, lo llegó a entender: «Yo solo era su seguidor y mientras [...] no llegara a pensar que estaba operando por mis propias fuerzas, iría por el buen camino»[3].

En segundo lugar, tomó una decisión consciente para hacer de Dios su socio en los negocios. Después de haber luchado con la idea de ser misionero, su pastor lo desafió al decirle: «Dios necesita hombres de negocios, además de predicadores y misioneros». Así que en medio de la Gran Depresión y cien mil dólares de deuda, se comprometió con cinco mil dólares para los esfuerzos misioneros de su iglesia.

A mediados de la década de 1930, la operación de la pequeña fábrica de LeTourneau empezaba a florecer. Liquidó su deuda, y cuando se dio cuenta de que las ganancias serían de medio millón de dólares, le dijo a su esposa, Evelyn:

—Creo que tenemos que hacer más.

—¿Qué tienes en mente? —le preguntó ella.

Él le explicó que en el Antiguo Testamento, se les exigía a las personas que diezmaran sus ingresos.

—Ahora, no estamos obligados a darle a Dios —añadió—. Todo es voluntario. La única cosa es que cuando tenemos en cuenta lo que Dios ha hecho por nosotros, por agradecimiento a Él debemos hacerlo mejor de lo que tenían que hacer por ley los incrédulos[4].

Evelyn y él decidieron dar la mitad de las acciones de la empresa a una fundación. Asimismo, acordaron dar la mitad de los ingresos anuales de la compañía a la fundación y donar la mitad de su propio ingreso personal a las misiones cristianas de todo el mundo. Le dijo a su abogado: «Quiero crear una fundación para nosotros. La Fundación patrocinará la obra religiosa, misionera y educativa para la mayor gloria de Dios. No sé cuáles son las leyes, pero quiero que lo arregles para que los fondos de la fundación nunca se puedan utilizar para fines personales ni de la empresa».

¿La respuesta de su abogado? «Usted está loco, pero siempre lo estuvo»[5].

Al final, LeTourneau daría un noventa por ciento de las acciones comunes de su empresa a la fundación y el noventa por ciento de sus ingresos personales a causas cristianas. Sus muchas donaciones financian un campamento cristiano (en Winona Lake, Indiana), dos universidades cristianas (en Toccoa, Georgia, y en Longview, Texas), y dos proyectos misioneros multimillonarios (uno en Liberia y otro en Perú). Su vida se caracterizó por dar. Su mayor gozo vino de lograr cosas para Dios por dar.

En 1942, las ganancias netas de la compañía superaron los dos millones de dólares por primera vez, y él recordó su promesa de cinco mil dólares al fondo de las misiones mientras debía cien mil dólares. Cuando le preguntaron: «¿Estás feliz ahora de lo que eras entonces?». Su respuesta fue: «Más agradecidos, tal vez, porque Dios nos ha dado para ayudarle a hacer algunas de las cosas que queríamos hacer en esa época. Aun así, ¿más feliz? Estuvimos en el servicio del Señor entonces, y estamos en el servicio del Señor ahora, y no hay nada en ese tipo de felicidad que dos millones de ganancias netas puedan añadirle ni comprar»[6].

El compromiso de LeTourneau de dar les parecía excesivo a muchos de sus colegas, pero no es extraño para quienes cuya lengua principal del amor es el de los regalos. Para LeTourneau era lo más lógico del mundo. Veía toda la vida como un regalo de Dios. El tiempo también lo veía como un regalo de Dios que debía tratarse con respeto y agradecimiento. Una vez dijo: «Si me haces malgastar dólares, no es demasiado grave. Puedo aceptarlo. En cambio, no malgastes mi tiempo, no se puede recuperar»[7].

Cuando era joven, LeTourneau era muy reacio a hablar en público, pero en sus últimos años, habló a cientos de miles de personas. Sus discursos siempre empezaban con la misma introducción: «Soy solo un mecánico que Dios ha bendecido, y Él me ha bendecido a mí, un pecador salvado por gracia». La palabra *gracia* es un término griego que significa literalmente «favor inmerecido». LeTourneau se veía a sí mismo «salvado» de una vida de actividad sin sentido para una de productividad en cooperar con Dios como su compañero.

La paz interior que le llegó a los dieciséis años de edad fue el resultado de la gracia de Dios. Explica: «No hubo relámpagos que me golpearan. No hubo ningún gran destello de la conciencia. Solo oré al Señor para salvarme, y entonces me di cuenta de otra presencia. No se pronunciaron palabras. No recibí ningún mensaje. Solo que desapareció toda mi amargura, y yo estaba lleno de tan inmenso alivio que no podía contener por completo. Corrí a mi madre. "Estoy salvado", grité»[8].

Los esfuerzos misioneros de LeTourneau eran expresiones de su amor por las personas que crecieron a partir de su experiencia personal del amor de Dios. Tenía una profunda preocupación por la gente de todo el mundo. Sus preguntas eran siempre las mismas: «¿Cuánto tienen para comer? ¿Cuán cómodas son sus casas? ¿Qué seguridad tienen de que alcanzaron la vida eterna?». En su autobiografía, señaló: «Sé que en las selvas del África y América del Sur, los avances de la ciencia hacen que sean una excelente lectura, pero la buena comida, el techo y la presencia inmediata de Cristo le dan a la vida su total riqueza, ahora y en el futuro. Creo que eso es cierto en todas partes»[9].

Cuando uno entiende que R.G LeTourneau veía toda la vida como una expresión del amor de Dios por él, tiene sentido por qué decía a menudo: «La cuestión no es cuánto de mi dinero le doy a Dios, sino más bien cuánto del dinero de Dios guardo para mí mismo»[10].

DIOS, EL GRAN DADOR DE REGALOS

La percepción de LeTourneau de Dios como el gran dador de regalos es en sí el Dios que descubrimos en el Antiguo Testamento hebreo y del Nuevo Testamento griego. El primer capítulo de las Escrituras hebreas incluye este pasaje:

Y Dios creó al ser humano a su imagen; lo creó a imagen de Dios. Hombre y mujer los creó [...] También les dijo: «Yo les doy de la tierra todas las plantas que producen semilla y todos los árboles que dan fruto con semilla; todo esto les servirá de alimento. Y doy la hierba verde como alimento a todas las fieras de la tierra, a todas las aves del cielo y a todos los seres vivientes que se arrastran por la tierra». Y así sucedió.

Dios miró todo lo que había hecho, y consideró que era muy bueno.

Compara esta imagen de Dios como el «Dador» en los albores de la creación con las siguientes palabras del último capítulo de la Biblia, el cual describe la Segunda Venida de Jesucristo y el comienzo de una nueva era:

«¡Miren que vengo pronto! Traigo conmigo mi recompensa [...] Yo soy el Alfa y la Omega, el Primero y el Último, el Principio y el Fin.

»Dichosos los que lavan sus ropas para tener derecho al árbol de la vida y para poder entrar por las puertas de la ciudad [...] Yo soy la raíz y la descendencia de David, la brillante estrella de la mañana».

El Espíritu y la novia dicen: «¡Ven!»; y el que escuche diga: «¡Ven!» El que tenga sed, venga; y el que quiera, tome gratuitamente del agua de la vida[12].

A través de las Escrituras, de principio a fin, Dios se revela como el dador de regalos. Moisés dijo de Dios: «Te amará, te multiplicará y bendecirá el fruto de tu vientre, y también el fruto de la tierra que juró a tus antepasados que les daría. Es decir, bendecirá el trigo, el vino y el aceite, y las crías de tus ganados y los corderos de tus rebaños»[13].

Es evidente que Dios había establecido una relación de amor con el antiguo Israel. Les proporcionó las directrices para una vida significativa y fructífera. Al seguir estas directrices, expresaban su confianza y amor en Jehová. Él, a su vez, los colmaría de regalos de amor.

La relación de pacto recíproco de Israel con Dios se representa en las siguientes palabras de Moisés: «Si ustedes obedecen fielmente los mandamientos que hoy les doy, y si aman al SEÑOR su Dios y le sirven con todo el corazón y con toda el alma, entonces él enviará la lluvia oportuna sobre su tierra, en otoño y en primavera, para que obtengan el trigo, el vino y el aceite. También hará que crezca hierba en los campos para su ganado, y ustedes comerán y quedarán satisfechos»[14].

Esta relación de amor recíproco, expresada en dar regalos, también se observa en el plano personal. Dios le expresó su amor a Salomón, el joven rey de Israel, con la pregunta: «¿Qué quieres que te dé?».

Salomón pidió: «Ahora, SEÑOR mi Dios, me has hecho rey en lugar de mi padre David. No soy más que un muchacho, y apenas sé cómo comportarme [...] Yo te ruego que le des a tu siervo discernimiento para gobernar a tu pueblo y para distinguir entre el bien y el mal. De lo contrario, ¿quién podrá gobernar a este gran pueblo tuyo?».

Dios, el gran dador de regalos, se mostró satisfecho con Salomón y le respondió: «Como has pedido esto, y no larga vida ni riquezas para ti, ni has pedido la muerte de tus enemigos sino discernimiento para administrar justicia, voy a concederte lo que has pedido. Te daré un corazón sabio y prudente, como nadie antes de ti lo ha tenido ni lo tendrá después. Además, aunque no me lo has pedido, te daré tantas riquezas y esplendor que en toda tu vida ningún rey podrá compararse contigo»[15].

Muchas de las canciones hebreas expresaron una representación similar de Dios como el gran dador de regalos. Por ejemplo, el Salmo 5:12 declara: «Porque tú, oh SEÑOR, bendices al justo, como con un escudo lo rodeas de tu favor» (LBLA).

El Nuevo Testamento continúa pintando el retrato del Dios de amor que da libremente cosas a los que le aman. Muchos coinciden en que el mensaje de la Biblia se puede resumir en un versículo, a saber, Juan 3:16: «Porque de tal manera amó Dios al mundo, que dio a su Hijo unigénito, para que todo aquel que cree en El, no se pierda, mas tenga vida eterna» (LBLA).

Es importante entender que Jesús pronunció esas palabras mientras Él se identificaba como el Hijo unigénito de Dios y proclamaba su misión en la tierra. Jesús continuó: «Dios no envió a su Hijo al mundo para condenar al mundo, sino para salvarlo por medio de él [...] El Padre ama al Hijo, y ha puesto todo en sus manos. El que cree en el Hijo tiene vida eterna; pero el que rechaza al Hijo no sabrá lo que es esa vida, sino que permanecerá bajo el castigo de Dios»[16].

REGALOS PROMETIDOS POR JESÚS

Las enseñanzas de Jesús estaban impregnadas con el concepto de que Dios quiere darles cosas buenas a los que le aman. Antes de que a Jesús lo arrestaran en Jerusalén, les dijo a sus seguidores: «Dentro de poco ya no me verán; pero un poco después volverán a verme [...] porque voy al Padre [...] les aseguro que ustedes llorarán de dolor, mientras que el mundo se alegrará. Se pondrán tristes, pero su tristeza se convertirá en alegría»[17].

Su mensaje fue claro. Jesús iba a morir, y después de su resurrección, volvería a su Padre, donde estuvo antes de su nacimiento humano en Belén. Sin embargo, Él quería que sus seguidores supieran que Dios les seguiría dando buenos regalos. Les dijo: «En aquel día ya no me preguntarán nada. Ciertamente les aseguro que mi Padre les dará todo lo que le pidan en mi nombre [...] Pidan y recibirán, para que su alegría sea completa»[18].

REGALOS DECLARADOS POR LOS APÓSTOLES

Gran parte del Nuevo Testamento se compone de cartas del apóstol Pablo. Comenzó su vida como Saulo de Tarso, un fanático judío bien educado que quería acabar con el cristianismo en sus primeras etapas. Con sinceridad, trató de erradicar lo que consideraba una violación de la fe judía. Sin embargo, después de su conversión a Cristo, se volvió en un ferviente apóstol, primero a los judíos y luego a los gentiles, proclamando que Jesús era de veras el Mesías anunciado por los profetas de Israel, y que en Él estaba el regalo de la vida eterna.

El mensaje de Pablo refleja la relación de amor de pacto entre Dios y la humanidad. Escribió: «Por tanto, imiten a Dios, como hijos muy amados, y lleven una vida de amor, así como Cristo nos amó y se entregó por nosotros como ofrenda y sacrificio fragante para Dios»[19].

Otras figuras prominentes del Nuevo Testamento también describen a Dios como el gran dador de regalos. Santiago escribió: «Toda buena dádiva y todo don perfecto descienden de lo alto, donde está el Padre que creó las lumbreras celestes, y que no cambia como los astros ni se mueve como las sombras». Y Juan comentó: «¡Fíjense qué gran amor nos ha dado el Padre, que se nos llame hijos de Dios! [...] Queridos hermanos, ahora somos hijos de Dios, pero todavía no se ha manifestado lo que habremos de ser. Sabemos, sin embargo, que cuando Cristo venga seremos semejantes a él»[20]. Tal vez el mayor regalo de Dios sea la garantía de que vamos a ser transformados en Cristo cuando Él regrese.

A lo largo de la historia humana, Dios se ha revelado como uno que ama a quienes les reconocen como tal. Él, por su parte, expresa su amor dando dones o regalos. A veces, esos regalos son cosas materiales que se pueden tocar y saborear, tales como alimentos, ropa y techo. Otras veces sus regalos están en el ámbito espiritual: vida eterna, perdón de los pecados, paz mental y propósito de la vida.

Los regalos espirituales se le dieron a la iglesia del primer siglo, sobre todo los primeros dones de liderazgo: «a algunos el ser apóstoles [...] profetas [...] evangelistas [...] pastores y maestros, a fin de capacitar a los santos para la obra del ministerio, para la edificación del cuerpo de Cristo»[21].

Desde los primeros días de la era cristiana, a cada creyente en Cristo se le ha dado diferentes «dones espirituales», habilidades para realizar ciertas tareas en el cuerpo de Cristo. Tales dones incluyen sabiduría, conocimiento, fe, dones de sanidad, profecía, discernimiento de espíritus, y habilidades de liderazgo. Los dones espirituales son dados por Dios «para el bien común»[22]. Los diversos dones han dado poder a los seguidores de Cristo para llevar a cabo su trabajo durante dos mil años.

El tema de Dios como el dador de regalos corre de manera profunda a través de los canales de la historia hebrea y cristiana. Para quienes los regalos es el lenguaje principal del amor, el aspecto de dador de la naturaleza de Dios es convincente en extremo.

«PORQUE DIOS ME HA DADO MUCHO A MÍ...»

Mónica tenía veintiséis años cuando la conocí. Asistió a uno de mis seminarios y respondió con un regalo: una hogaza de pan de trigo recién horneado. En el curso de la conversación, dijo: «Hace tres años no era cristiana. Mis padres me enviaban a la iglesia cuando era niña, pero mi padre era un alcohólico y mi madre era muy exigente. Debido a que mis padres decían que eran cristianos, sabía que no quería tener nada que ver con la iglesia ni con Dios. A los dieciséis años, me escapé de la casa y nunca volví. He vivido mi vida haciendo lo que quería hacer».

Durante siete años Mónica dedicó su vida a la búsqueda del placer a través del sexo, el alcohol y, a la larga, las drogas duras. Sin embargo, no encontraba la felicidad y por último fue a un centro de tratamiento de drogas operado por *Teen Challenge Ministries*.

«Fue allí donde escuché por primera vez que Dios me amaba», me dijo Mónica. «Aprendí que debido a que Jesús pagó el castigo por mis pecados al morir en la cruz, Dios me perdonaba y me daba el regalo de la vida eterna. Al principio, no podía creer lo que escuchaba. Pensaba de Dios como el juez que exigía la perfección y que maldecía a los que no obedecían sus leyes. Nunca me lo imaginé como un Dios que me amaba y quería darme algo. No me imaginaba que Él pudiera perdonarme todas las cosas que había hecho, aceptarme en su familia y permitirme vivir para siempre con Él en el cielo. Era demasiado bueno para ser cierto. Me resistí a la idea por varias semanas.

»Mientras leía las Escrituras, una noche clamé a Dios y le dije: "Si esto es cierto, si de veras me amas, te pido que me perdones y te invito a que entres en mi vida. Si puedes limpiar mi vida y librarme de la adicción a las drogas y darme el regalo de la vida eterna, estoy dispuesta a aceptar tu amor". Mi vida cambió esa noche, y sé que nunca seré la misma otra vez».

Mónica terminó el programa, y *Teen Challenge* la refirió a un grupo de cristianos que la invitó a vivir con ellos. Encontró que en verdad se preocupaban los unos por los otros. Dos semanas más tarde, describió: «Me dieron el primer pastel de cumpleaños que tuve desde que tenía doce años. Aquí había personas, exadictas en sí, que aceptaron el amor de Dios y ahora les dan su amor a los demás».

Allí Mónica conoció a Jim; se enamoraron y se casaron un año antes de que ella asistiera a mi seminario. Con su regalo llegó una explicación: «Porque Dios me ha dado mucho a mí, mi ministerio está horneando pan y dándoselo a otros. Cada semana horneo veinte panes y se los distribuyo a las personas que Dios trae a mi vida».

Abracé a Mónica y a Jim, le di gracias a Dios por sus regalos para ellos y después oré para que Él bendijera su matrimonio.

Mónica es un ejemplo vivo de que Dios habla el lenguaje del amor de los regalos.

A lo largo de la historia, miles de personas cuyo lenguaje principal del amor es el de los regalos se han sentido atraídas hacia Dios porque Él no se erige como un juez para condenar, sino como un Padre que otorga el perdón y la vida eterna a los que recibirán su amor.

Pienso en María, una joven esposa en California, que me dijo: «Cuando leí su libro, *Los cinco lenguajes del amor*, me sentí atraída en especial por el capítulo de los regalos, pues ese es mi lenguaje del amor primario. Comencé a pensar en otras personas cuyo lenguaje del amor podría ser regalos.

»Recordé al pastor de nuestra primera iglesia cuando nos mudamos a California. Él nos regaló un piano el primer mes que llegamos a la iglesia. A menudo nos traía verduras a nuestra casa. Siempre estaba preguntando: "¿Qué necesitas?". Parecía que no podía darnos lo suficiente.

»Sabía que su lenguaje del amor era regalos, y éramos los beneficiados de su amor. Cuando le decíamos: "Gracias", nos respondía: "No me den las gracias a mí; dénselas a Dios. Todas las cosas buenas vienen de Él"».

Tenía claro que el pastor de María le expresaba su amor a Dios cuando le daba regalos a la gente de su congregación. Sospecho que si hubiera podido hablar con él, es probable que hubiera citado las palabras de Jesús:

«*Entonces dirá el Rey a los que estén a su derecha: "Vengan ustedes, a quienes mi Padre ha bendecido; reciban su herencia, el reino preparado para ustedes desde la creación del mundo. Porque tuve hambre, y ustedes me dieron de comer; tuve sed, y me dieron de beber; fui forastero, y me dieron alojamiento; necesité ropa, y me vistieron; estuve enfermo, y me atendieron; estuve en la cárcel, y me visitaron". Y le contestarán los justos: "Señor, ¿cuándo te vimos hambriento y te alimentamos, o sediento y te dimos de beber? ¿Cuándo te vimos como forastero y te dimos alojamiento, o necesitado de ropa y te vestimos? ¿Cuándo te vimos enfermo o en la cárcel y te visitamos?" El Rey les responderá: "Les aseguro que todo lo que hicieron por uno de mis hermanos, aun por el más pequeño, lo hicieron por mí"»[23].*

El mensaje de Jesús era claro. Una de las maneras de expresarle amor a Dios es dándoles regalos a quienes los necesiten. Esta es la verdad que motiva de manera profunda a los seguidores de Jesús. Como me dijera un hombre: «Nunca siento más gozo que cuando les doy a los demás. Siento esto por lo que me ha dado Dios, y es la forma en que puedo expresarle mi amor a Él». Otro hombre dijo: «Me siento más cerca de Dios cuando cuido de su pueblo al darle lo que no puede proveerse por su cuenta».

Cuando pienso en dar regalos como una expresión de nuestro amor a Dios, la primera persona que me viene a la mente es Anne Wenger. La conozco desde hace más de veinticinco años. Era una logopeda que sufrió de polio y caminaba con dificultad. Cuando se retiró de la labor pública, la gente le llevaba sus hijos a su casa para terapia del habla. Daba gratuitamente de su tiempo y experiencia, y ningún niño salía de su casa sin un regalo, tal vez un folleto que pensaba que le sería útil o una manzana de la cesta de frutas en la cocina cerca de su silla.

Un joven estudiante universitario que vivía en el apartamento del sótano le cortaba el césped a Anne. Otros de la iglesia se ofrecían para pasarle la aspiradora a sus pisos y limpiarle la cocina. El grupo de jóvenes le rastrillaba las hojas cada otoño. Todos estaban felices de hacer algo por Anne, tal vez para corresponderle por sus regalos.

Puedo dar fe de que nunca salí de la presencia de Anne sin algo en la mano, casi siempre un libro o folleto que pensaba que me ayudaría en mi ministerio a otros. Recuerdo una de las últimas veces que la visité en su casa, unas semanas antes de que ella se fuera a vivir en un hogar de ancianos.

—Estoy regalando mis posesiones mientras todavía estoy viva, pues quiero que vayan a las personas que creo que van a utilizarlas. Quisiera que tu hijo Derek tenga esta serie de libros —me dijo y señaló a un conjunto de treinta y cinco volúmenes, la *Library of the World's Best Literature* [La biblioteca de la mejor literatura del mundo].

—Anne, sé que a él le encantaría recibir los libros —le dije—, pero quiero que averigües con tu hija primero y te asegures de que no los quiere.

—Tienes razón —respondió Anne asintiendo—. Es una buena idea. Déjame preguntarle a Elizabeth.

Dos semanas después, recibí una llamada de Anne para que viniera a recoger los libros.

Incluso en el hogar de ancianos, el hábito de regalar de Anne no cambió. Casi no tenía posesiones materiales en ese momento, pero mientras me preparaba para salir de su habitación, me dijo: «Toma, lleva esta loción a casa para Karolyn. Sé que ella puede utilizarla». Y me dio un pequeño recipiente de loción, es probable que fuera uno que otra persona le regaló a ella.

Anne Wenger era una dadora recordada por cientos de personas que recibieron muestras de su amor a través de los años. En mis conversaciones con Anne por más de veinticinco años, hablaba de manera profunda acerca del amor de Dios que había experimentado. Veía a Dios como el gran dador de regalos, y los regalos que les daba a otros eran un reflejo del amor de Dios a través de ella.

CÓMO RECIBIMOS LOS REGALOS DE DIOS

¿Cómo puede alguien recibir el regalo del amor de Dios? Algunos regalos Dios se los da de forma indiscriminada a todo el mundo, como la salida y la puesta del sol, la suave lluvia, las flores de la primavera, los cantos de los pájaros y las estaciones. El salmista escribió: «Los cielos cuentan la gloria de Dios, el firmamento proclama la obra de sus manos. Un día comparte al otro la noticia, una noche a la otra se lo hace saber. Sin palabras, sin lenguaje, sin una voz perceptible»[24].

Del mismo modo que los padres proveen para las necesidades básicas de sus hijos: comida, ropa y techo, así Dios provee para sus hijos día tras día. Sin embargo, otros regalos de Dios están reservados para quienes los piden.

Jesús dijo una vez: «Pidan, y se les dará; busquen, y encontrarán; llamen, y se les abrirá. Porque todo el que pide, recibe; el que busca, encuentra; y al que llama, se le abre». Entonces, Jesús explicó *por qué* podíamos contar con que Dios nos dará buenos regalos. «¿Quién de ustedes, si su hijo le pide pan, le da una piedra? ¿O si le pide un pescado, le da una serpiente? Pues si ustedes, aun siendo malos, saben dar cosas buenas a sus hijos, ¡cuánto más su Padre que está en el cielo dará cosas buenas a los que le pidan!»[25].

Siempre he encontrado asombroso que el Dios eterno invite a la gente a que le pida regalos, pero eso es justo lo que enseñó Jesús. Eso no quiere decir que Dios nos dará con exactitud lo que le pedimos cada vez que se lo pidamos. Un padre sabio no le va a dar a un niño tres barras de chocolate aunque el niño se las pida. La promesa es que Dios dará «cosas buenas» cuando se las pidan. Los padres no le darían a un niño algo que saben que sería destructivo aunque el niño se lo pida con vehemencia, ni Dios lo haría tampoco. Él nos ama demasiado como para eso.

La epístola de Santiago también indica otra razón de por qué Dios no siempre nos da justo lo que le pedimos. «Cuando piden, no reciben porque piden con malas intenciones, para satisfacer sus propias pasiones»[26]. Dios no responderá las peticiones hedonistas que se centran en el placer egoísta. Él nos ama demasiado como para permitir que construyamos nuestras vidas en una falsa premisa.

En una relación adecuada con Dios, nuestro deseo es recibir sus regalos de modo que nos permita darles a los demás. Por lo tanto, un pastor pide sabiduría para pastorear su rebaño; un padre pide fuerza emocional y física para mantener a sus hijos. Si pedimos posesiones materiales (que las Escrituras no nos dice que no lo hagamos), es con el propósito de utilizarlas para mejorar nuestro ministerio a otros. La petición de cosas materiales por el simple hecho de poseerlas es ajena al concepto bíblico del amor. Los sinceros seguidores de Jesús siempre preguntan: «¿En qué puedo usar lo que Dios me da para servir a los demás?».

Un padre puede orar por dinero de la matrícula para enviar un hijo a la universidad. Cuando lo recibe, el dinero se invierte en el enriquecimiento de la vida del hijo. Si Dios provee más de lo necesario, se puede utilizar para enriquecer la vida de los hijos de otra persona. Después que se cumplan las necesidades de la familia, cualesquiera otros fondos disponibles se pueden dar para apoyar el trabajo de los misioneros y pastores de todo el mundo.

Los abundantes regalos de Dios para nosotros son otra expresión de su amor, y reflejamos ese amor al amar a otros. Recibimos los regalos de sabiduría, conocimiento, experiencia, habilidades y posesiones materiales, a fin de enriquecer las vidas de otras personas. Los regalos de Dios nunca los recibimos porque los merezcamos; los recibimos como expresión de su amor por nosotros. Así que nuestros regalos para otros no se basan en el desempeño de la persona ni en lo que esta ha hecho por nosotros, sino más bien que fluye de nuestro amor por la persona.

PREGUNTAS PARA REFLEXIÓN O DISCUSIÓN

(1) ¿Cuáles son algunas personas que conoces que al parecer su lenguaje principal del amor es el de los regalos? ¿De qué maneras muestran el amor de Dios a través de dar? ¿Aspiras a ser como esas personas o crees que estas tienen una habilidad especial para dar que no tiene todo el mundo?

(2) ¿Cuáles son algunos de los regalos de Dios que has recibido últimamente sin siquiera pedirlos? ¿Qué regalos te gustaría pedir en específico? ¿Cómo esas cosas se usarían para el beneficio de los demás así como para ti mismo?

(3) Cuando consideras que dar puede incluir mucho más que el dinero y otras cosas tangibles, ¿ves que hay nuevas oportunidades de hablar este lenguaje del amor?

(4) ¿Cuáles son algunas maneras de utilizar los regalos que Dios te ha dado para corresponderle a Él (ya sea de forma tangible o espiritual)?

DIOS HABLA EL CUARTO LENGUAJE DEL AMOR:

ACTOS *de* SERVICIO

Fue la semana entre Navidad y Año Nuevo, y Paul Brown (no es su nombre real) estaba en mi oficina para su «chequeo» anual. Por más de quince años, Paul había llamado a mi secretaria y le pedía una cita para la semana después de Navidad. Era profesor de matemática en el instituto en otra ciudad que pasaba conmigo parte de la semana que tenía libre.

Tenía el mismo aspecto del año pasado y comenzó como siempre lo hacía:

—¿Cómo está su hijo?... ¿Cómo está su hija?... ¿Cómo está su esposa?

Su interés era sincero y escuchaba mientras le daba mi informe. Luego, decía lo de siempre:

—Bueno, vamos a ir al grano.

Sacó un trozo de papel arrugado de un bolsillo y una pluma de la otra, y me hizo la misma pregunta que me hacía siempre:

—¿Cómo saber cuándo es la voluntad de Dios para que me case?

Paul tiene cuarenta y dos años de edad y nunca se ha casado, a pesar de que había estado saliendo con Becky durante doce años, y fueron amigos por siete años antes de que empezaran a salir.

—¿Por qué haces esa pregunta? —le pregunté con una mirada indiferente en mi rostro.

—Bueno, Becky me ha dicho que no me molestara en ir a verla si no estaba dispuesto a hablar de matrimonio. No sé si estoy listo para esto. Mi estilo de vida no se presta para el matrimonio. Trabajo setenta y cinco horas a la semana, y no creo que la mayoría de las esposas aguanten eso.

Asentí con la cabeza y le pregunté:

—Dime tu horario diario.

—Bueno, oficialmente, mi día comienza a las ocho y media de la mañana, pero casi siempre llego una hora antes. Doy clases desde las ocho y media hasta las tres y media, y luego doy clases particulares a estudiantes por separado desde las tres y media hasta las diez y media de la noche y, a veces más tarde. Algunos de los chicos que tengo asignados no pueden hacer operaciones matemáticas básicas. No les gusta preguntar en clase, así que actúan como si entendieran cuando no es así. No pueden graduarse del instituto sin pasar el examen de álgebra, y nunca lo harán sin la ayuda individual. Son la clase de muchachos que no van a entender en el aula; pero cuando los recibo uno a uno, no fingen y aprenden.

»No me importa dedicarles tiempo. Desde luego, no me pagan por eso, y yo no creo que una mujer lo entendería.

Paul había estado guardando este horario durante siete años. Ninguno de los otros profesores de matemáticas lo hacía, por supuesto. Sin embargo, así lo explicó:

—Tienen los mejores de todos. Explican un concepto en clase, y sus estudiantes lo captan, pero mis estudiantes no. Estoy lidiando con chicos que no entienden los conceptos básicos. Todavía están tratando de averiguar en qué dirección deben mover el decimal si quieres ir a un porcentaje. ¿Es hacia la izquierda o la derecha?

»Déjeme decirle algo que Dios me concedió —continuó Paul—. Se me ocurrió un día. Oré: "Señor, ¿cómo puedo ayudar a estos estudiantes a entender y recordar en qué dirección mover el decimal?". Así que escribí el alfabeto en el tablero: A, B, C, D...

justo hasta la P. Subrayé la D y la P. Señalé la D y dije: "Ahora bien, si tienes un decimal y deseas que sea un porcentaje (señalé la P), ¿de qué manera mueves el decimal?".

»Me dijeron: "A la derecha". Luego fui a la P y dije: "Si tienes un porcentaje y quieres llevarlo a un decimal, ¿de qué manera se mueve el decimal?". Señalaba la D.

»"A la izquierda", gritaban. Supe que lo lograron. Y cuando llegué a los exámenes tres semanas más tarde, en realidad tenía el alfabeto escrito en la parte superior de la hoja del examen con la D y la P subrayadas.

Los dos nos reímos. Paul continuó:

—Es un reto, pero sé que estoy marcando una diferencia en sus vidas. Se graduarán del instituto porque me tomé el tiempo para ayudarlos. Yo no tengo ningún problema de disciplina en mi aula. Los estudiantes saben que estoy de su parte. Se dicen unos a otros: "No molestes al Sr. B; él es uno de nosotros".

—Paul, creo que tienes razón —le dije—. No creo que ninguna mujer sería feliz con su esposo que trabaja setenta y cinco horas a la semana. Así que imaginemos que estás casado y tienes que recortar las horas. ¿Cuáles serían las posibilidades?

—Bueno, necesitaría un ayudante a tiempo completo que sea el tutor de los estudiantes después de clase. Es más, le dije al director una vez que tenía que emplearme como tutor a tiempo completo. Otra persona podría impartir las clases, y me gustaría trabajar de tres y media hasta las once y media de la noche todos los días, enseñando a los estudiantes que no pueden aprender en clase. Sé que eso no va a ocurrir, pero sería ideal.

»La otra cosa que he pensado es la enseñanza de matemática en una escuela de preparación para la universidad o en el nivel universitario. Sé que mi escuela nunca me va a trasladar porque el director está contento con los resultados de las pruebas, y también lo están los padres. Saben que ninguna otra persona va a invertir el mismo tiempo que yo con los estudiantes. Sin embargo, no estoy seguro de que quiera que me transfieran. Después de todo, esto es lo que me motivó a volver a la universidad y obtener mi maestría. ¿Recuerdas? —me miró y yo asentí.

Lo recordaba. Es más, me acordaba mucho de Paul. Me acordaba de cuando estaba en el instituto y su madre murió de cáncer después de orar que Dios se hiciera cargo de sus siete hijos. Recordaba cuando fue a la universidad para dedicarse a su visión de convertirse en maestro de matemática; fue allí donde se transformó en un devoto seguidor de Jesucristo. Recordaba cuando Paul cambió su especialidad de matemáticas para comunicaciones, una decisión tomada por un deseo sincero de aprender a comunicarles las enseñanzas de Cristo a los demás. Recordaba las luchas por las que pasó por varios años después de la universidad, trabajando para una compañía de comunicaciones, pero siempre se preguntaba si eso era de veras lo que debía hacer con su vida. Y recordaba con claridad su decisión de volver a la universidad para terminar su especialidad en matemática y obtener una maestría para poder enseñar... su visión original y pasión.

Expliqué que el dilema de Paul era similar al de miles de sacerdotes y monjas a través de los años. En su caso, él había dedicado su vida a la enseñanza de matemática y ayudar a los estudiantes para que se graduaran del instituto, que de otro modo no lo harían. Estaba marcando una diferencia en sus vidas para siempre. Por otro lado, deseaba el matrimonio, pero no veía compatibles las dos cosas. Hice una pausa y continué:

—Quizá este sea el momento en el que puedas explorar de forma realista la posibilidad del matrimonio. Puedes sugerirle a Becky: "Estoy dispuesto a discutir el matrimonio si ambos nos damos cuenta de que el proceso tal vez no conduzca a una boda". Puedes asistir a algunas clases de preparación para el matrimonio. Puedes tomar un examen psicológico para indicar el nivel de compatibilidad entre los dos. Debes tener en cuenta sus estilos de vida y considerar lo que serían las cosas si se casan. Y puedes discutir la posibilidad de explorar el cambio en los entornos profesionales. Entonces, al final del proceso, puedes tomar una decisión inteligente sobre el matrimonio.

La habitación se quedó en silencio. Podría decir que Paul estaba pensando en lo que le acababa de decir.

—No estoy seguro de que esté dispuesto a tomar esas medidas —respondió por fin—. Al menos, no en este momento.

Hablamos de varios otros asuntos de menor importancia. Como de costumbre, Paul me dio las gracias por mi tiempo y me dijo lo mucho que apreciaba que fuera su persona de confianza. Mientras se marchaba, sabía que lo volvería a ver la próxima Navidad. Una vez más nos gustaría hablar de «cómo conocer la voluntad de Dios sobre el matrimonio».

El lenguaje principal del amor de Paul es actos de servicio. La tutoría a los estudiantes de bajo rendimiento en matemática era su manera de expresarle su amor a Dios. La idea de alejarse de esos alumnos, incluso ante la perspectiva de una relación matrimonial, era difícil de imaginar para Paul.

Esta no fue la primera vez que observé el lenguaje del amor de Paul. Mientras trabajaba para la compañía de comunicaciones, se ofreció como voluntario para poner en funcionamiento el sistema de sonido de su iglesia y editar los sermones del pastor para la radio local, consistente en veinte horas a la semana en este servicio voluntario. Era otra manera de expresarle su amor a Dios.

No puedo prever si Paul se case alguna vez, pero puedo prever que si lo hace, va a encontrar una manera de servir a los demás, debido a que los actos de servicio es su principal lenguaje del amor.

«EL TRABAJO ES UN MEDIO PARA EXPRESAR NUESTRO AMOR POR ÉL»: LA MADRE TERESA

Un ejemplo mucho más conocido de una persona con el lenguaje principal del amor de los actos de servicio es la madre Teresa. En su adolescencia, Agnes Bojaxhiu (nombre real de la madre Teresa) se unió a un grupo de jóvenes católicas en la Parroquia Jesuita del Sagrado Corazón en su ciudad natal de Skopie, Albania. A los dieciocho años de edad, se mudó a Irlanda para unirse a las Hermanas de Nuestra Señora de Loreto. Tres meses más tarde, la enviaron a Calcuta, la India, y luego a Darjeeling, cerca del Himalaya, donde en 1937 profesó sus votos permanentes y tomó el nombre de «Teresa».

Después de nueve años de enseñanza en la única escuela católica para niñas en Calcuta, en su mayoría de familias acomodadas, la hermana Teresa se dio cuenta de una vocación diferente. Dijo: «Tuve que dejar el convento (Loreto) y consagrarme en ayudar a los pobres viviendo entre ellos. El abandono de Loreto fue un sacrificio aún más difícil que dejar a mi familia esa primera vez con el fin de seguir mi vocación. Sin embargo, tenía que hacerlo. Fue un llamado. Sabía que tenía que ir; no sabía cómo llegar allí»[1].

Algunos de los antiguos alumnos de la madre Teresa la siguieron y formaron el núcleo de lo que llegó a ser las «Misioneras de la Caridad». La madre Teresa comenzó a trabajar con los que encontró primero: niños abandonados viviendo en los parques de la ciudad. Comenzó enseñándoles hábitos básicos de higiene. Los ayudó a aprender el alfabeto. No tenía ningún plan maestro para su trabajo, pero su objetivo era claro: amar y servir a los pobres al ver a Jesús en ellos. Dijo: «En la determinación de qué trabajo se llevaría a cabo, no había ninguna planificación en absoluto. Dirigía la obra de acuerdo al llamado que sentía por los sufrimientos del pueblo. Dios me hizo ver lo que Él quería que hiciera»[2].

Cuando encontró a una mujer moribunda en una acera, se llevó a la mujer a casa con ella y poco después abrió el hogar para moribundos con el fin de proporcionar un lugar tranquilo y digno para las personas a punto de morir. Más tarde, cuando se encontró a los niños abandonados, a veces los hijos y las hijas de los que se quedaban en el hogar para moribundos, abrió Shishu Bhavan, el primero de una serie de hogares infantiles. En forma similar, comenzó casas para leprosos, enfermos de sida y madres solteras. Galardonada con el Premio Nobel de la Paz en 1979, no tuvo en cuenta el premio en efectivo como propiedad personal, sino que lo aceptó en nombre de los pobres y lo gastó todo en ellos.

Ver a la madre Teresa como una persona excepcionalmente altruista es pasar por alto el mensaje central de su vida. Como explicó: «Quienes son los más pobres de los pobres, son Cristo para nosotros: Cristo con la vestimenta del sufrimiento humano. Las Misioneras de la Caridad estamos firmemente convencidas de que cada vez que les ofrecemos ayuda a los pobres, se la ofrecemos a Cristo en realidad». En otra ocasión dijo: «Cuando tocamos a los enfermos y necesitados, tocamos el cuerpo sufriente de Cristo». Y de nuevo: «Jesús es al único que cuidamos, visitamos, vestimos, alimentamos y consolamos. Cada vez que hacemos esto por los más pobres de los pobres, enfermos, moribundos, leprosos y los que sufren de sida, no debemos servir a los pobres como si *fueran* Jesús; debemos servir a los pobres porque son Jesús»[3].

La dimensión central de los actos de servicio de la madre Teresa era de naturaleza espiritual. «Para mí, Jesús es la vida que quiero vivir, la Luz que quiero reflejar, el Camino hacia el Padre, el Amor que quiero expresar, el Gozo que quiero compartir, la Paz que quiero sembrar a mi alrededor»[4]. Para ella, el amor a Dios significaba servir a la gente.

Además de servicio, para la madre Teresa el amor significaba sacrificio. Después de todo, razonaba, así fue que Dios expresó su amor hacia nosotros: «El verdadero amor causa dolor. Jesús, con el fin de darnos la prueba de su amor, murió en la cruz. Una madre, con el fin de dar a luz a su bebé, tiene que sufrir. Si de veras nos amamos unos a otros, no serás capaz de evitar hacer sacrificios»[5].

Cuando la madre Teresa desafió a otros para que se le unieran en el amor a Dios, su invitación se expresó con mayor frecuencia en términos de actos de servicio. «Invito a todos los que aprecian nuestro trabajo para que miren a su alrededor y estén dispuestos a amar a los que no tienen el amor y a ofrecerles sus servicios. ¿No somos, por definición, mensajeros de amor?». Más tarde, dijo: «No estemos satisfechos con solo dar dinero. El dinero no lo es todo. Los pobres necesitan el trabajo de nuestras manos, el amor de nuestros corazones. Amor, un amor abundante, es la expresión de nuestra religión cristiana»[6].

A los que procuraban seguir su ejemplo, la madre Teresa les enfatizó la conexión entre el amor a la gente y amar a Dios.

Sucedió una vez, cuando se estableció por primera vez la Congregación de las Hermanas Misioneras de la Caridad, que un joven hermano vino a mí y dijo: «Madre, tengo un llamado especial para trabajar con los leprosos. Quiero dar mi vida por ellos, todo mi ser. Nada me atrae más que eso». Sé que es un hecho de que en realidad amaba a los afectados por la lepra. Yo, a su vez, le respondí: «Creo que de algún modo estás equivocado, hermano. Nuestra vocación consiste en pertenecer a Jesús. El trabajo no es más que un medio para expresar nuestro amor por Él. El trabajo en sí mismo no es importante. Lo que es importante es que perteneces a Jesús y Él es quien te ofrece los medios para expresar esa pertenencia»[7].

La madre Teresa se dio cuenta de que el cuidado de las necesidades espirituales era aún más importante que el cuidado de las necesidades materiales: «Tenemos la tarea específica de dar ayuda material y espiritual a los más pobres entre los pobres, no solo los que viven en los barrios pobres, sino los que viven en cualquier rincón del mundo también [...] Si nuestro trabajo fuera solo lavar, alimentar y darles medicinas a los enfermos, el centro habría cerrado hace mucho tiempo. Lo más importante en nuestros centros es la oportunidad que se nos ofrece para llegar a las almas»[8].

EL ACTO SUPREMO DE SERVICIO:
UNA VIDA SACRIFICADA

Dios expresó su amor por la humanidad al enviar a su Hijo engendrado de forma única, Jesús, quien a su vez expresó su amor por el supremo acto de servicio: dar su vida por los pecados de la gente. Cuando Agnes Bojaxhiu respondió a ese amor siendo adolescente, comenzó un curso de la vida de fidelidad y distinción. Su transformación en la madre Teresa parece increíble para muchas personas, pero el Dios que adoraba es más que capaz de tal cambio. Él es el Dios de Abraham, Isaac, Jacob y José. La Biblia declara que

Que vean mi gloria, la gloria que me has dado porque me amaste desde antes de la creación del mundo [...] Yo les he dado a conocer quién eres, y seguiré haciéndolo, para que el amor con que me has amado esté en ellos, y yo mismo esté en ellos»[21].

Con regularidad, Jesús se identificaba con Dios el Padre. Mencionó que estaba con Dios antes de la creación del mundo. Enseñó que Él vino al mundo del Padre. Su claro mensaje fue que regresaría al Padre después de su muerte y resurrección. Según consta en la Escritura del Antiguo Testamento, sus constantes actos de servicio para otras personas reflejaban los de Dios.

Tales hechos han obligado a que las personas que desean ser intelectualmente sinceras lleguen a la conclusión de que solo hay tres posibilidades. Jesús debe ser: (1) un impostor deliberado para que se pase por alto; (2) un campesino engañado digno de lástima; o (3) el divino Señor para ser adorado. No hay motivos intelectuales para considerar que Él es un gran maestro religioso. Sus afirmaciones de deidad no nos dan esa alternativa.

C.S. Lewis explicó estas opciones en su libro clásico, *Cristianismo... ¡y nada más!*:

Estamos tratando aquí de evitar que alguien diga la mayor de las tonterías que a menudo se han dicho en cuanto a Él: «Estoy dispuesto a aceptar a Jesús como un gran maestro de moral, pero no acepto su afirmación de que era Dios». Esto es algo que no deberíamos decir. El hombre que sin ser más que hombre haya dicho la clase de cosas que Jesús dijo, no es un gran moralista. Bien es un lunático que está al mismo nivel del que dice que es un huevo o el diablo del infierno. Puedes hacer tu elección. O bien este hombre era, y es el Hijo de Dios; o era un loco o algo peor. Escarnécele como a un insensato, escúpelo y mátalo como a un demonio; o cae a sus pies y proclámalo como Señor y Dios. Pero no asumamos la actitud condescendiente de decir que fue un gran maestro de la humanidad. Él no nos proporciona campo para tal actitud. No fue eso lo que Él intentó[22].

Para todos los que examinan la vida de Jesús, Él se convierte en una encrucijada en el camino de la vida. Muchos optan por el camino de la sumisión: doblan sus rodillas, someten su corazón y se levantan para andar con humildad como sus siervos. De ese grupo, muchos testifican que lo que al final ganó sus corazones fue el amor de Jesús expresado mediante milagrosos actos de servicio, desde la humildad de su nacimiento humano hasta su muerte sacrificial y voluntaria que pagó el castigo por sus pecados. Y servir a un Dios que habla a través de actos de servicio es motivación suficiente para que nos sirvamos los unos a los otros también.

PREGUNTAS PARA REFLEXIÓN O DISCUSIÓN

(1) ¿Conoces a alguien como «Paul Brown», quien pone los actos de servicio por encima de todo lo demás, incluso su propio beneficio personal? ¿En qué medida lo motiva el compromiso cristiano de la persona?

(2) Si alguien como la madre Teresa pasara un tiempo en tu vecindario, ¿qué necesidades crees que podría ver que casi todas las demás personas pasan por alto con regularidad?

(3) ¿Cuántas organizaciones de voluntarios puedes nombrar en tu zona que existen sobre todo para ofrecerles a otros actos de servicio? (¿Comida caliente para personas mayores o enfermas a diario? ¿Benevolencia? ¿Programas de iglesias locales?). ¿Hay cosas que puedes hacer para involucrarte con uno o más de dichos servicios?

(4) En el plano personal, ¿qué actos de servicio has hecho por otros últimamente? ¿Puedes pensar en cualquier oportunidad que perdiste?

DIOS HABLA EL QUINTO LENGUAJE DEL AMOR:

TOQUE FÍSICO

Hace algunos años, fui al sur de Alemania a fin de llevar a cabo un seminario para matrimonios de un fin de semana y un seminario para padres a la semana siguiente. Karl fue mi intérprete para ambos eventos, y en todos mis viajes nunca he tenido un intérprete más entusiasta.

Desde mi primera conferencia, me di cuenta que iba a ser divertido. Mientras entraba en la personalidad de los personajes de mis historias, Karl se unía a mí. Cuando yo iba *in crescendo*, él iba *in crescendo*. Cuando hacía un falsete, Karl hacía un falsete. Cuando movía mis manos, él movía sus manos. Cuando era impetuoso, él apretaba los ojos mientras me seguía. Cuando rompía a reír, él se reía. A veces me reía mientras él me imitaba.

Alrededor de la mitad de la audiencia entendía el inglés, por lo que se reía cuando yo terminaba la historia. La otra mitad se reía cuando Karl terminaba la historia. ¡Fue emocionante!

Durante los recesos en los seminarios, Karl me servía de intérprete en las conversaciones personales con los asistentes. Él y yo también teníamos un tiempo considerable para hablar entre nosotros. Siete de mis libros se tradujeron al alemán. Karl estaba familiarizado con *Los cinco lenguajes del amor* y estaba interesado en especial en esa conferencia en particular. Me dijo que su lenguaje del amor era de seguro el toque físico. Los toques cariñosos de su esposa le hablaban de manera profunda.

A mediados del segundo seminario, llegué a conocer a Karl bastante bien.

—¿Qué libro está escribiendo ahora? —me preguntó en ese momento.

—Estoy escribiendo un libro sobre los lenguajes del amor de Dios —le dije—. Mi hipótesis es que las personas experimentan el amor de Dios de manera más profunda cuando Él les habla en su lenguaje principal del amor. Por ejemplo, si el lenguaje principal del amor de una persona es palabras de afirmación, experimentará el amor de Dios mucho más profundo cuando viene a través de palabras.

Le di a Karl la ilustración de un hombre joven que, semanas antes, me dijo que llegó a Dios después de hospedarse en un pequeño hotel. Se había alejado de sus padres y tenía poco dinero.

—"Desesperado, tomé la Biblia que había en mi habitación" —me dijo el viajero—. "Se abrió en Jeremías capítulo 31 que decía: 'Con amor eterno te he amado; por eso te sigo con fidelidad'. Y unos versículos más adelante: 'El que dispersó a Israel, lo reunirá; lo cuidará como un pastor a su rebaño'.

»"Sé que el profeta le escribió esas palabras a Israel —me dijo el hombre—, "pero esa noche eran las palabras de Dios para mí. Volví a Dios, y al día siguiente a la casa a mis padres".

Le expliqué a Karl que el poder de las palabras de Dios le habló de manera profunda al espíritu del viajero; Dios le habló en su lenguaje principal del amor.

Me di cuenta de que Karl no podía esperar a que yo terminara mi ilustración.

—Sin duda, esto es cierto en mi caso —me dijo con gran emoción—. La semana pasada le dije que mi lenguaje principal del amor es el toque físico. Déjeme contarle cómo llegué a ser cristiano. Yo tenía diecisiete años. No estaba seguro de que había un Dios, pero si lo había, sabía que quería conocerlo. Una noche justo después del anochecer, estaba montando mi bicicleta. Tenía un cigarrillo en la mano. Había estado fumando desde que tenía trece años. Sabía que no era bueno para mí y tenía muchas ganas de dejar de fumar. Lo había intentado varias veces sin éxito. Miré mi cigarrillo y dije en voz alta: "Dios, si de veras existes, llévate estos cigarrillos lejos de mí". De inmediato, fue como si una mano enorme saliera de la nada, me golpeara la mano y desapareciera el cigarrillo.

»Dejé mi bicicleta, y fue como si Dios me envolviera en sus brazos. Sentí su presencia y lloré. Sabía que no solo Dios existía, sino que también Él me amaba. Desde ese día he sido un seguidor de Jesús. Habló mi lenguaje del amor.

»Me tocó en ese momento —dijo Karl—, y todavía me toca. No siempre, pero a menudo cuando estoy orando y cantando, puedo sentir su presencia. Sé que Dios es Espíritu, pero cuando su Espíritu toca mi espíritu, lo siento en mi cuerpo. Es entonces cuando me siento más cerca de Dios.

CUANDO SE SIENTE LA PRESENCIA DE DIOS

La experiencia de Karl no es poco común. La persona cuyo primer lenguaje del amor es el toque físico, con frecuencia dice que «siente la presencia de Dios». En el capítulo 3, escribí la historia de Greta y mencioné brevemente a su esposo, Rod. Fue el que estableció la conexión con Dios el segundo domingo que asistió a una iglesia carismática. Un amigo le preguntó si quería pasar al frente de la iglesia después del servicio y que la gente orara por él. Sin querer ofender a su amigo, estuvo de acuerdo.

Varios hombres se reunieron a su alrededor y comenzaron a orar en voz alta.

—Nunca había visto algo semejante —me dijo Rod—. A los pocos minutos estaba llorando sin control y yo mismo oraba y le pedía a Dios que me perdonara. Dios me tocó ese día. Fue como la electricidad corriendo a través de mi cuerpo, y me sentí limpio por completo.

Más adelante en mi conversación con Rod, me dijo:

—Ese fue el comienzo, pero Dios me ha tocado muchas veces desde entonces. Hace poco, estaba teniendo un tiempo difícil en el trabajo. Mis emociones andaban mal. Me sentía desconectado de Greta. Mientras conducía por la carretera, le dije a Dios: "Te necesito; de veras te necesito". De inmediato, me invadió la presencia de Dios. Era como si estuviera allí conmigo en el auto. Empecé a llorar y tuve que salir de la carretera. Debo haber estado sentado allí quince minutos, llorando y alabando a Dios. Me invadió el gozo y la paz, y sabía que Dios me iba a ayudar.

»Yo no tengo esas experiencias con Dios muy a menudo —continuó Rod—. Creo que eso es bueno. No estoy seguro de que mi cuerpo pudiera manejarlo. Sin embargo, cuando ocurren, es puro gozo. Esos son los momentos más sublimes de mi vida, cuando sé que estoy en la presencia de Dios.

—Lo que te escucho decir es que estas profundas experiencias emocionales y físicas con Dios solo vienen de forma periódica —le respondí—. Entonces, en el curso normal de tu vida, ¿cuándo te sientes más cerca de Dios?

—Cuando estoy entonando canciones de alabanza a menudo siento la presencia de Dios —dijo Rod—. Puedo estar en la iglesia o a solas. Es como si su presencia pasara y lo siento como el viento. A veces lloro cuando canto, pero son lágrimas de gozo. Sé que Dios está ahí y yo le canto alabanzas a Él.

Mientras Rod me contaba sus experiencias con Dios, me cruzó por la mente el país insular de Singapur, donde fui de visita unos meses antes. Una noche me senté en un servicio de adoración en el que me invitaron a hablar. El canto de la congregación lo dirigía un pequeño grupo de «cantantes de alabanzas» de jóvenes que parecían adolescentes. Mientras cantaban, varios comenzaron a levantar sus manos y ojos hacia el cielo. Las lágrimas comenzaron a rodar por sus mejillas mientras cantaban alabanzas a Dios.

Después del servicio, le pregunté a uno de los ministros quiénes eran los jóvenes. Me dijo: «Esos son los jóvenes salvados de las calles. Aman de veras a Dios y les gusta cantar sus alabanzas».

Cuando me dijo eso, mi mente clínica empezó a pintar un cuadro. Aquí tenían jóvenes que nunca conocieron el afectuoso abrazo de un padre y que los abandonaron sus madres. Sin embargo, estaban experimentando el toque de un Padre celestial que se ha revelado como un «Padre de los huérfanos». Se identificaban con el compositor hebreo que escribió: «Aunque mi padre y mi madre me abandonen, el SEÑOR me recibirá en sus brazos»[1].

Más tarde, recordé que no todos los jóvenes «cantantes de alabanzas» lloraban ni levantaban sus manos hacia el cielo. Algunos no daban muestras de que les movieran de manera física, pero no tenía ninguna razón para dudar de que su alabanza fuera sincera. Estaba bastante seguro de que los que lloraban habían experimentado el amor de Dios de manera más profunda a través de un conocimiento consciente de su presencia. Los tocó, y sintieron su afectuoso abrazo. Sintiéndose amados hasta lo más profundo por Dios, le correspondían con las manos levantadas y las lágrimas corriendo por sus mejillas.

EL TOQUE, LA COMPASIÓN Y LA ORACIÓN FERVIENTE

Unos meses más tarde, estaba de vuelta en los Estados Unidos visitando en un barrio pobre del centro de la ciudad una casa iglesia compuesta por jóvenes seguidores de Jesús que nunca habían estado dentro de una iglesia cristiana tradicional. Estaban entre la adolescencia y los veinte años, y crecieron con una visión del mundo totalmente secular. En su mayoría, estuvieron involucrados con el sexo, el alcohol y las drogas desde sus primeros años de adolescencia. Muchos crecieron en hogares de acogida. Más de la mitad nunca había conocido a sus padres. Antes de llegar a la casa iglesia, dormían en el parque de la ciudad o debajo de los puentes si el tiempo era inclemente.

No obstante, a través del ministerio de esta casa iglesia se convirtieron en seguidores de Jesús. No solo encontraron la liberación de sus adicciones, sino una «familia» también. Descubrieron la verdad expresada en el Salmo 68:6: «Dios da un hogar a los desamparados y libertad a los cautivos».

Fue en este entorno en el que me encontré con Nicolás, un joven cuya altura, rasgos faciales y cabello me recordaba a mi propio hijo. Parecía algo mayor que el resto del grupo. Empecé una conversación y pronto comenzó a franquearse.

«Pasé los primeros dieciocho años de mi vida viviendo en las calles de Chicago», me dijo. «Luego, me mudé al oeste. Terminé aquí, donde he estado durante los últimos diez años. Estaba durmiendo en el parque y lavando platos en un restaurante cuando un amigo me invitó a una fiesta. Lo que no sabía en ese momento era que se trataba de una fiesta cristiana. Durante toda la noche bailamos con la música, pero de vez en cuando los miembros de la banda hablaban sobre sus propios viajes espirituales.

»Me tomó un tiempo, pero comencé a darme cuenta de que todos se referían a Dios. Era extraño para mí. Nunca había oído a nadie hablar de Dios a menos para maldecir, pero Dios parecía haber marcado una diferencia en la vida de estas personas. Alrededor de las cuatro de la mañana, uno de ellos dijo: "Si quieres que alguien ore contigo, ven a este extremo del edificio". Yo nunca había tenido a nadie que orara por mí, así que pensé que podría ser una buena experiencia. Me abrí paso a ese lado del edificio. Me encontré con este chico y esta chica que pusieron sus manos en mi hombro y me dijeron: "¿Quieres orar?".

»"No sé cómo orar", les dije.

»"Vamos a orar por ti", respondieron. Así que me senté en una silla. Ellos se arrodillaron, colocaron sus manos sobre mis hombros y ambos oraron por mí. En ese momento, no sabía lo que me estaba pasando. Pensé que me estaba volviendo loco. Ahora sé que Dios estaba tocando mi vida y cambiándome. Sentí una presencia que nunca antes había sentido, y vi a Jesús de pie delante de mí diciendo: "Te amo. Siempre te he amado. Quiero que seas mi hijo. Quiero que seas mi hijo. Quiero que me sigas". Yo no sabía quién era Él, así que le pregunté: "¿Quién es usted?". Y Él me dijo: "Yo soy Jesús. Soy el Hijo de Dios. Sé que no tienes una familia. Quiero ser tu Hermano, y Dios quiere ser tu Padre. Estas personas que están orando por ti trabajan para mí. Ellos también te aman, y te ayudarán. Escúchalos".

Nicolás respondió: «Está bien. Lo haré». Cuando lo hizo, sintió que una carga pesada se levantaba de sus hombros. Empezó a llorar y a decir: «Gracias, Jesús; gracias, Jesús; gracias, Jesús». A la mañana siguiente, Nicolás aceptó una oferta para vivir con la pareja que oró con él y algunas otras personas de la casa iglesia.

Dijo: «En ese momento solo pensé que era un grupo religioso de algún tipo. Sin embargo, llevo tres años aquí, y han sido los mejores años de mi vida. Dios me libró de las drogas, y por primera vez en mi vida tengo una familia. Jesús ha cambiado mi vida, y si es capaz de cambiar mi vida, Él puede cambiar la vida de cualquiera».

Pasé tres días en esta casa iglesia y descubrí que la oración era más que un ritual para ellos. Mi primera noche allí, llegó una joven que obviamente estaba embarazada y parecía estar delirando. La primera respuesta de los líderes del grupo fue: «Vamos a orar por ella». Seis u ocho de las personas que estaban en la casa en ese momento se reunieron a su alrededor, cada una colocó una mano sobre ella y con la otra mano asía la de un compañero de oración. Mi mano se unió con la de Nicolás. Uno a uno, comenzaron a orar por ella.

Oraron con un amor y una intensidad que pocas veces he visto en una iglesia tradicional. Cuando uno estaba orando en voz alta, los demás lo apoyaban diciendo: «Sí, Señor», «Amén», «Gracias, Jesús», y «Señor, ten piedad».

Cuando Nicolás se puso a orar, su mano, que yo sostenía, comenzó a temblar. A medida que continuaba orando, era más fuerte el temblor. Cuando terminó la oración, el grupo se puso de pie, se abrazaron los unos a los otros, abrazaron a la joven y alabaron a Dios por responder sus oraciones. Luego, se llevaron a la joven a la cocina y la alimentaron. Más tarde esa noche, cuando se descubrió que no tenía ningún lugar a donde ir, la invitaron a pasar la noche.

Al día siguiente, Nicolás y yo estábamos en la calle haciendo lo que llamaban «caminata de oración». Los miembros del grupo caminaban por la calle orando (a veces en voz alta, a veces en silencio) por las personas que pasaban por su lado y por quienes vivían y trabajaban en los edificios circundantes. Aproveché la oportunidad para decirle a Nicolás que nunca había orado con alguien cuyas manos temblaran mientras oraba.

—¿De verdad? —me dijo—. Sé que cuando mis manos comienzan a temblar, el Espíritu está en mí y que Dios quiere hacer algo bueno a través de mis oraciones.

—¿Crees que la mano de todo el mundo tiembla si el Espíritu está sobre ellos? —le pregunté.

—No, pero siempre ha sido así conmigo. No sé por qué. Tal vez solo sea la manera en que Dios me dice que Él está conmigo.

Durante mi última noche en la casa iglesia, los miembros me pidieron que les diera mi mensaje sobre *Los cinco lenguajes del amor*. Varios ya habían oído algunas cosas, y uno de ellos había leído mi libro. Me centré en la comprensión de cómo el lenguaje principal de alguien va a ayudar de forma más eficaz a satisfacer la necesidad emocional de la persona por el amor. Pensé que les sería útil, pues servían a los jóvenes que necesitan con urgencia el amor.

No esperaba la respuesta de Nicolás. En cuanto terminé, se apresuró hacia mí y dijo: «Sin duda, mi lenguaje del amor es el toque físico, y ahora sé por qué mi mano tiembla cuando oro. Así es que Dios me muestra que Él me ama».

Puse mis brazos a su alrededor, le di unas palmaditas en la espalda y le dije: «Por supuesto, Él te ama y yo también». Las lágrimas corrieron por sus ojos y los míos.

CONECTADOS DE MANERA FÍSICA CON DIOS
La lucha con Dios

La evidencia de que Dios habla el lenguaje de amor del toque físico se ve a lo largo de la Biblia, tanto en el Antiguo como en el Nuevo Testamento. Génesis 32 registra el relato de Jacob en su camino para regresar a Esaú, el hermano de quien se había distanciado por muchos años. Al recordar lo mal que trató a su hermano, y sin saber la actitud de Esaú después de todo ese tiempo, Jacob oró. Mientras lo hacía, un hombre llegó y comenzó a luchar con él.

Percibiendo que el desconocido era una presencia espiritual y un mensajero de Dios, Jacob se aferró a él y le rogó que lo bendijera. Por supuesto, la figura misteriosa bendice a Jacob, pero primero «lo tocó en la coyuntura de la cadera, y ésta se le dislocó mientras luchaban». Jacob entendió que estaba teniendo un encuentro con Dios, como lo demuestran sus palabras: «He visto a Dios cara a cara, y todavía sigo con vida»[2]. A la mañana siguiente, Jacob cojeaba, lo que indicaba que su experiencia no fue un simple sueño. Dios lo tocó físicamente, y el evento fue un momento decisivo en su vida.

Resplandeciente por la presencia de Dios

Moisés encontró a Dios de una forma que le afectó de manera física. Cuando descendió de la montaña después que Dios le dio los Diez Mandamientos, su cara estaba radiante, a pesar de que no se daba cuenta. Sin embargo, para otras personas era evidente hasta tal punto que se tuvo que poner un velo sobre su rostro[3].

El ministerio público de Jesús

El relato bíblico de la vida de Jesús muestra que Él usaba con frecuencia el toque físico como un lenguaje del amor. Mientras enseñaba en los pueblos, los padres le llevaban a sus hijos pequeños para que los tocara[4]. En un principio, sus discípulos reprendieron a la gente, pensando que Jesús estaba demasiado ocupado para los niños. Sin embargo, Jesús dijo: «Les aseguro que el que no reciba el reino de Dios como un niño, de ninguna manera entrará en él». Entonces, tomaba a los niños en brazos y los bendecía[5].

Varios milagros de Jesús involucraron el toque físico. A un hombre que fue ciego de nacimiento le preguntaron cómo recuperó la vista. Él respondió: «Ese hombre que se llama Jesús hizo un poco de barro, me lo untó en los ojos y me dijo: "Ve y lávate en Siloé." Así que fui, me lavé, y entonces pude ver»[6]. En cierta ocasión, otros dos ciegos le pidieron ayuda a Jesús. Esa vez les tocó los ojos y se les restauró la vista[7].

En otros casos, Jesús iba en contra de todo el protocolo social al tocar leprosos «impuros», pero al hacerlo, se sanaban de inmediato de la enfermedad. Y una vez, cuando la suegra de Pedro estaba enferma con fiebre, Jesús le tocó la mano y la fiebre la dejó[8].

Jesús también les expresó el lenguaje de amor del toque físico a los doce discípulos. Mientras que Pedro, Jacobo y Juan estaban en una montaña con Jesús, su apariencia experimentó una impresionante transformación. Tres de los Evangelios registran este hecho, comúnmente conocido como la Transfiguración. Este es el relato de Mateo:

> *Su rostro resplandeció como el sol, y su ropa se volvió blanca como la luz. En esto, se les aparecieron Moisés y Elías conversando con Jesús.*
>
> *[...] apareció una nube luminosa que los envolvió, de la cual salió una voz que dijo: «Éste es mi Hijo amado; estoy muy complacido con él. ¡Escúchenlo!».*
>
> *Al oír esto, los discípulos se postraron sobre su rostro, aterrorizados. Pero Jesús se acercó a ellos y los tocó.*
>
> *—Levántense —les dijo—. No tengan miedo.*
>
> *Cuando alzaron la vista, no vieron a nadie más que a Jesús[9].*

Les lava los pies a los discípulos

Uno de los casos más profundos de la utilización del toque físico para transmitir el amor de Jesús tuvo lugar durante su última cena con los discípulos. Lo que hace este hecho tan importante es que el relato del evangelio comenzó con el propósito de Jesús:

Jesús sabía que le había llegado la hora de abandonar este mundo para volver al Padre. Y habiendo amado a los suyos que estaban en el mundo, los amó hasta el fin.

Llegó la hora de la cena. El diablo ya había incitado a Judas Iscariote, hijo de Simón, para que traicionara a Jesús. Sabía Jesús que el Padre había puesto todas las cosas bajo su dominio, y que había salido de Dios y a él volvía; así que se levantó de la mesa, se quitó el manto y se ató una toalla a la cintura[10].

A continuación, Jesús llenó un recipiente con agua y comenzó a lavarles los pies a sus discípulos. Le secó los pies a cada hombre con la toalla. Una vez que terminó, Jesús se vistió de nuevo y volvió a su lugar. Entonces, explicó sus acciones.

—¿Entienden lo que he hecho con ustedes? Ustedes me llaman Maestro y Señor, y dicen bien, porque lo soy. Pues si yo, el Señor y el Maestro, les he lavado los pies, también ustedes deben lavarse los pies los unos a los otros. Les he puesto el ejemplo, para que hagan lo mismo que yo he hecho con ustedes [...] ¿Entienden esto? Dichosos serán si lo ponen en práctica[11].

Aquí Jesús demostró dos de los cinco lenguajes del amor: actos de servicio y toque físico. En la época de Jesús, era práctica común que el criado de la casa les lavara los pies a las visitas. Jesús ocupó el lugar del criado con amor y les lavó los pies a sus discípulos. Sin duda, el toque de sus manos era refrescante y restaurador.

A lo largo de los siglos, los seguidores de Jesús han ido más allá de las simples palabras y utilizan el toque físico en sus ministerios. Alguien le dijo una vez a la madre Teresa que no iba a tocar a un leproso ni por un millón de dólares. Ella le respondió: «Ninguno de los dos lo haríamos. Si se tratara de un caso de dinero, ni siquiera lo haría por dos millones. Por otro lado, lo hago con mucho gusto por el amor de Dios»[12].

El ministerio de los apóstoles

Después que Jesús regresó a su Padre, Dios continuó trabajando a través de los creyentes en la iglesia primitiva. Con mucho gusto llevaban a cabo el ministerio de Jesús de servir, tocar y sanar. Por ejemplo, un día Pedro y Juan subían al templo a orar. En la puerta se encontraron con un hombre, lisiado de nacimiento, que les pidió dinero. Nota la respuesta de Pedro:

—*No tengo plata ni oro* —*declaró Pedro*—, *pero lo que tengo te doy. En el nombre de Jesucristo de Nazaret, ¡levántate y anda! Y tomándolo por la mano derecha, lo levantó. Al instante los pies y los tobillos del hombre cobraron fuerza. De un salto se puso en pie y comenzó a caminar. Luego entró con ellos en el templo con sus propios pies, saltando y alabando a Dios. Cuando todo el pueblo lo vio caminar y alabar a Dios, lo reconocieron como el mismo hombre que acostumbraba pedir limosna sentado junto a la puerta llamada Hermosa, y se llenaron de admiración y asombro por lo que le había ocurrido*[13].

El lisiado, después que Dios lo tocara a través de las manos de Pedro y Juan, correspondió a su amor al abrazar a los dos apóstoles. Una multitud asombrada se reunió, y Pedro dijo: «Pueblo de Israel, ¿por qué les sorprende lo que ha pasado? ¿Por qué nos miran como si, por nuestro propio poder o virtud, hubiéramos hecho caminar a este hombre? El Dios de Abraham, de Isaac y de Jacob, el Dios de nuestros antepasados, ha glorificado a su siervo Jesús». Pedro describió la muerte de Jesús (el «Santo y Justo») y explicó que Dios lo resucitó de la muerte. Entonces, añadió: «Por la fe en el nombre de Jesús, él ha restablecido a este hombre a quien ustedes ven y conocen. Esta fe que viene por medio de Jesús lo ha sanado por completo, como les consta a ustedes»[14].

EL TOQUE FÍSICO CON RESULTADOS ESPIRITUALES

El lenguaje del toque físico demostrado por Jesús y sus seguidores no terminó con una curación física. El milagro físico fue para validar las afirmaciones de Jesús y convencer a la gente a fin de que respondiera a su amor al establecer una relación *espiritual* eterna con Dios. Prueba de ello es lo que Pedro dijo después que se sanó el lisiado. Instó a sus oyentes: «Para que sean borrados sus pecados, arrepiéntanse y vuélvanse a Dios, a fin de que vengan tiempos de descanso de parte del Señor, enviándoles el Mesías que ya había sido preparado para ustedes, el cual es Jesús. Es necesario que él permanezca en el cielo hasta que llegue el tiempo de la restauración de todas las cosas»[15].

Pedro los llamaba a responder al amor de Dios. El toque de Dios, que trajo la sanidad a los ciegos, hizo que caminaran los lisiados y liberó a Nicolás de la adicción a las drogas, es siempre con el propósito de ayudar a las personas a establecer la conexión con Dios.

Siempre ha sido cierto que algunas personas son escépticas cuando otros afirman que los «tocó Dios». Aun así, los mayores escépticos se convierten en los mayores creyentes cuando perciben el toque personal de Dios. Quizá Saulo de Tarso sea el mejor ejemplo. Era un fanático del primer siglo con el propósito de eliminar lo que consideraba que era una secta herética (el cristianismo) que afirmaba que Jesús de Nazaret era el Mesías.

Saulo iba en camino a la ciudad de Damasco con documentos legales para detener y llevar a Jerusalén a cualquiera que estuviera enseñando esta herejía. Sin embargo, cuando se acercaba a Damasco, una luz del cielo resplandeció a su alrededor. El aturdido fanático cayó al suelo. El libro de Hechos describe lo que sucedió a continuación:

Él [...] oyó una voz que le decía:
—Saulo, Saulo, ¿por qué me persigues?
—¿Quién eres, Señor? —preguntó.

—*Yo soy Jesús, a quien tú persigues* —*le contestó la voz—*. *Levántate y entra en la ciudad, que allí se te dirá lo que tienes que hacer.*

Los hombres que viajaban con Saulo se detuvieron atónitos, porque oían la voz pero no veían a nadie. Saulo se levantó del suelo, pero cuando abrió los ojos no podía ver, así que lo tomaron de la mano y lo llevaron a Damasco. Estuvo ciego tres días, sin comer ni beber nada[16].

Dios tocó a Saulo. Tres días después, Dios envió a un hombre llamado Ananías a la casa donde se alojaba Saulo. De manera significativa, Ananías puso sus manos sobre Saulo. Luego dijo: «Hermano Saulo, el Señor Jesús, que se te apareció en el camino, me ha enviado para que recobres la vista y seas lleno del Espíritu Santo». Algo semejante a escamas cayó al instante de los ojos de Saulo, y pudo ver de nuevo. Saulo se levantó, lo bautizaron y recibió algo de comer[17].

Pasó varios días con los creyentes en Damasco y pronto comenzó a predicar que Jesús es el Hijo de Dios. Todos los que le oían estaban atónitos, no solo de su mensaje, sino también por el cambio total que experimentó[18].

Saulo nunca fue el mismo. Pronto se conocería como el apóstol Pablo, puesto que pasó el resto de su vida tratando de hablarles a judíos y gentiles acerca de Jesús. Lo golpearían, encarcelarían y, a menudo, lo amenazarían de muerte, pero nada desalentaría el espíritu de este hombre que tocó Dios.

Desde el primer siglo, Dios ha tocado a miles de hombres y mujeres. Ellos, a su vez, han tocado a otros como representantes de Cristo. Trabajan en hospitales, dando baños y secando frentes febriles. Están en misiones de rescate, arrodillados junto a personas sin techo con un brazo alrededor del hombro de una persona necesitada. Sirven como «recibidores» en sus iglesias para sonreír, extender una mano y darle una palmadita de afirmación en la espalda a la gente que entra en la casa de adoración. Son los canales del amor de Dios, hablando con fluidez el lenguaje de amor del toque físico.

PREGUNTAS PARA REFLEXIÓN O DISCUSIÓN

(1) ¿Cuál dirías que es el mejor ejemplo que has visto o experimentado de recibir un «toque físico» de Dios?

(2) ¿Cómo alguien puede usar el toque físico adecuado para ministrar a:

- un visitante en la iglesia?
- un niño vecino jugando en el patio?
- una persona sin techo en la calle?
- una persona mayor en un hogar de ancianos?

(3) ¿Qué otras formas puedes pensar para «hablar el lenguaje de amor del toque físico» en tu adoración a Dios?

Capítulo siete

DESCUBRE *tu* LENGUAJE
principal del AMOR

«*¿De qué modo te amo?* Déjame contarte las maneras en que te amo».

Cuando Elizabeth Barrett Browning hizo y respondió esta pregunta en su «Soneto 42», dio a entender que las formas de expresar el amor son ilimitadas, excepto por la capacidad humana para ser creativo. Browning tenía razón hasta cierto punto. Cuando un hombre y una mujer se encuentran en el estado obsesivo de la experiencia «en el amor», pueden ser creativos en extremo.

Por ejemplo, una vez Rhonda me habló de la invitación de su esposo para tener la tarde libre e ir a volar con él. Era un agricultor, por lo que Rhonda estaba confundida, pero curiosa. Su esposo tenía un amigo piloto que los llevó a su avión y voló sobre su granja. Ladeó un poco el avión y el esposo de Rhonda señaló a los campos de trigo por debajo donde se podía leer con claridad las palabras: «Te amo, Rhonda». Meses antes, el esposo tuvo el doble cuidado de sembrar esas letras, sabiendo que una vez que germinara el trigo, las palabras se podrían ver desde el cielo. Así que Elizabeth Barrett Browning tenía razón: la gente puede ser muy creativa. Hay miles de maneras de expresar el amor.

Sin embargo, la mayoría de nosotros no vemos ese nivel de creatividad muy a menudo en el curso de la vida diaria. Nuestras expresiones de amor tienden a caer en patrones previsibles, y esos patrones están muy influenciados por el lenguaje principal del amor de cada persona. Si el lenguaje principal del amor de tu cónyuge es palabras de afirmación y hablan ese idioma a menudo, tu cónyuge va a mantener un tanque de amor lleno. Si tu propio lenguaje principal del amor es actos de servicio y tu cónyuge habla ese lenguaje con regularidad, te sentirás seguro de su amor. En cambio, si tu cónyuge no puede comunicarse a través de actos de servicio y tú no puedes pronunciar palabras de afirmación, ninguno de los dos tendrá un tanque de amor lleno, a pesar de que quizá utilicen otros lenguajes del amor.

Las parejas pueden amarse con sinceridad los unos a los otros, pero no conectarse de manera emocional. El problema no es la falta de amor; el problema es que no hablan el lenguaje principal del amor entre ambos.

Si yo solo hago lo que es natural para mí, voy a tender a hablar en mi propio lenguaje del amor. Si mi lenguaje principal del amor es palabras de afirmación, tiendo a usar palabras para expresarle amor a mi esposa. Le estoy dando lo que me haría sentir muy amado. La mayor parte de mi creatividad se utilizaría en la exploración de diversas formas de expresarle mi amor con palabras. Puedo escribir notas de amor y dejarlas en lugares inesperados. Puedo pedirle al disyóquey local que le toque su canción de amor favorita en la radio. Incluso, puedo escribir las palabras «Te amo» en un campo de trigo. No obstante, si su lenguaje principal del amor no es palabras de afirmación, las palabras no significarán para ella lo que significaría para mí.

DEVOLVAMOS EL AMOR A DIOS
EN NUESTRO LENGUAJE

La misma tendencia es cierta cuando se trata de recibir y de corresponder el amor de Dios. En teoría, quizá esté de acuerdo en que Dios me expresa su amor de mil maneras, pero por experiencia me siento amado más profundamente cuando percibo que Dios está hablando en mi lenguaje principal del amor.

Un lunes por la mañana, entré en mi oficina y encontré que mi secretaria había colocado una fotocopia de una nota del plato de la ofrenda del día anterior. Solo decía:

A:
La iglesia que me da la mano.
De:
Miguel
Edad: 5 años

No menciona las canciones, el sermón, el drama ni las ventanas de cristal. Lo que significa la iglesia para Michael es una persona que le da la mano. El lenguaje principal del amor de Michael debe ser el toque físico. No sé si Michael ha hecho la conexión entre Dios y los ayudantes de Dios que asisten a su iglesia, pero predigo que pronto lo hará. Algún día, Dios le estrechará la mano a Michael y lo abrazará, y Michael hará la conexión con Dios.

Por otra parte, una persona tiende a expresar el amor de Dios en su lenguaje principal del amor. Conocí a Floyd en Houston. Era el encargado del sistema de sonido para una convención nacional de atletas profesionales. El día anterior, di mi conferencia sobre *Los cinco lenguajes del amor.* Durante uno de los recesos, Floyd me detuvo y me dijo: «Su conferencia sobre *Los cinco lenguajes del amor* me ha ayudado a entender mi matrimonio. Mi lenguaje del amor es el toque físico, y el lenguaje del amor de mi esposa es actos de servicio. Para ser sincero, no hemos estado hablando muy bien el lenguaje del otro. Nunca lo había entendido hasta ahora. Sabía que ella se quejaba de que no la ayudaba en la casa. También sabía que a menudo retrocedía cuando trataba de besarla o abrazarla. Ahora entiendo; ambos tenemos vacíos los tanques del amor. Tengo deseos de llegar a casa y sorprender a mi mujer lavando los platos, pasándoles la aspiradora a los pisos y haciendo las camas. ¿Cree que si me pongo a hablar su lenguaje va a empezar a hablar el mío?».

«No puedo garantizar eso», le dije, «pero puedo decirte que es lo mejor que puedes hacer para mejorar tu matrimonio. Si tu esposa empieza a ver que estás hablando su lenguaje principal del amor, hay una buena posibilidad de que ella comience a tener sentimientos emocionales de afecto para ti y, al final, comience a corresponderte el amor».

Más tarde, tuve una conversación más prolongada con Floyd durante la cual discutimos los asuntos espirituales. Descubrí que Floyd se había convertido en seguidor de Jesús unos tres años antes y estaba muy activo en una iglesia contemporánea.

—Nunca me importó mucho Dios —me dijo—, y la iglesia siempre me desagradaba. Entonces, un amigo me invitó a esta nueva iglesia. El lugar te conectaba. Sentí a Dios la primera noche que la visité. La segunda vez que fui, me encontré abrumado por su presencia. Yo estaba en la parte delantera de la iglesia, llorando en el altar, antes de saber lo que pasaba. Esa noche le pedí a Dios que entrara en mi vida y me perdonara mi pasado. Fue la mejor noche de mi vida.

—¿Cómo le expresas tu amor a Dios? —le pregunté a Floyd.

—Lo que me gusta es la música de alabanza. Solo llego y toco a Dios cuando estoy cantando. Me pone la piel de gallina —respondió—. Eso es lo que me mueve. Es como si Dios estuviera por todo el lugar y yo estuviera atrapado en adorarlo.

—Parece que tu lenguaje del amor hacia Dios es también el toque físico —le dije.

Floyd se quedó en silencio por un momento, y luego una sonrisa se dibujó en su rostro.

—Nunca había pensado de esa manera, pero tiene razón. Cuando mis emociones se mueven y siento la presencia de Dios, es que mi tanque del amor se llena y pudiera adorar a Dios para siempre.

Floyd confirmaba lo que yo iba a llegar a creer: que el método de un individuo para adorar y expresarle amor a Dios está fuertemente influenciado por su lenguaje principal del amor. Podemos aprender a hablar otros lenguajes del amor, y debemos hacerlo; hablaré de eso más adelante. Sin embargo, la forma más natural para que una persona experimente y exprese amor hacia Dios es por hablar su lenguaje principal del amor.

TRES PREGUNTAS CLAVE

Entonces, ¿cómo descubrimos nuestro lenguaje principal del amor? En las relaciones humanas, a menudo he sugerido el siguiente enfoque. Hazte estas tres preguntas.

(1) *¿Cómo les expreso más a menudo el amor a otras personas?*

Si expresas con regularidad palabras de reconocimiento, afirmación y amor a los demás, hay una buena probabilidad de que tu lenguaje principal del amor sea palabras de afirmación. Les das a otros lo que te gustaría recibir para ti mismo. Si con frecuencia les das palmaditas en la espalda, les tocas el hombro o les das abrazos adecuados a otras personas, tu lenguaje principal del amor puede ser el toque físico.

(2) *¿Acerca de qué te quejas con más frecuencia?*

Tus quejas revelan tu necesidad emocional interna por el amor. La mujer que dice: «Ya nunca pasamos tiempo juntos», revela que el tiempo de calidad es su lenguaje principal del amor. El esposo, cuyo principal lenguaje del amor es el toque físico, podría decir: «Me siento como si no me amaras. Si no te beso, no creo que me besarías alguna vez». Una hija que se queja: «¿Quiere decir que no me trajiste nada de tu viaje?», te permite saber que ella asocia el amor con los regalos.

(3) *¿Qué pido más a menudo?*

La mujer que dice: «¿Podríamos dar un paseo esta noche después de la cena?», está pidiendo tiempo de calidad. Si hace con *frecuencia* peticiones similares, está revelando que su lenguaje principal del amor es tiempo de calidad. Tenemos la tendencia a pedirles a los demás lo que satisfaga nuestra necesidad emocional más profunda de amor.

Si respondes estas tres preguntas con sumo cuidado, es probable que descubras tu lenguaje principal del amor en las relaciones humanas. Y una vez que descubras tu lenguaje principal del amor en las relaciones humanas, es probable que el mismo sea cierto para tu relación con Dios. No obstante, si quieres confirmarlo, te puedes hacer y responder las mismas tres preguntas.

(1) *¿Cómo le expreso casi siempre mi amor a Dios?*

Si eres el tipo de persona que se ofrece voluntariamente cuando el líder de estudio bíblico pregunta: «¿Quién podría hacer una comida para llevarle a la familia Brown?», estás demostrando que tu lenguaje principal del amor es actos de servicio. En realidad, sientes que cuando les sirves a otros le sirves a Dios. También te conmueves mucho cuando lees acerca de cómo Jesús sanó a los enfermos, alimentó a los hambrientos y les lavó los pies a sus discípulos. La naturaleza del servicio de Cristo es lo que te atrapa de manera más profunda y te acerca a Dios.

La respuesta de tu vecina a esa pregunta quizá sea diferente por completo. Tal vez diga: «Me siento más cerca de Dios durante mi devocional diario con Él. Cada mañana me levanto temprano para que juntos podamos pasar tiempo. Es lo más destacado de mi día. Siento que Dios me habla al leer las Escrituras, y yo hablo con Él mientras oro. Es como una conversación diaria con Dios, al igual que hablo con mi esposo cuando llega a casa del trabajo por las tardes». Tal respuesta refleja que el tiempo de calidad es el lenguaje principal de tu vecina.

(2) *¿Acerca de qué me quejo más a menudo con Dios?*

Supongamos que te quejas: «Dios, siento que me has abandonado. No me considero cerca de ti. Tenía la costumbre de leer tu Palabra y llorar. Ahora solo leo palabras en una página. En la iglesia, experimentaba tu presencia cuando cantábamos, pero ahora parece que solo actúo por puro formulismo. ¿Qué pasa?». Es probable que esta queja revele que tu lenguaje principal del amor es el toque físico. Se trata de lo que Floyd llama la «presencia manifiesta de Dios». Él sentía la presencia de Dios y el toque de Dios; no solo en lo espiritual, sino también en su cuerpo.

A mi hermana,
Sandra Lane Benfield,
quien amó a Dios con tanta intensidad
como ninguna otra persona que haya conocido jamás,
y lo expresó sirviendo a otros.
Aunque más joven que yo, llegó primero a la línea de meta.
Mi oración es que mi amor sea tan transparente como el suyo.

CONTENIDO

RECONOCIMIENTOS

Este libro no podría haberse escrito en el aislamiento de una torre de marfil. Dondequiera que se experimenta el amor de Dios, siempre es personal, íntimo y cambia la vida. Estoy en deuda con las decenas de personas que me dejaron entrar en lo más reservado de sus propios encuentros con Dios.

Sin esa información privada, el libro hubiera sido un tratado académico. En la mayoría de los casos, utilicé nombres ficticios, pero las personas son reales y sus historias son un relato fiel de lo que me dijeron. A todos, les estoy profundamente agradecido.

Para la ayuda técnica, conté una vez más con Tricia Kube, mi secretaria y asistente administrativa durante los últimos veinticinco años. Gracias a Stan Campbell por su contribución editorial en este mensaje «renovado». El personal de redacción, producción y comercialización de Northfield no solo son mis colegas, sino mis amigos. Les expreso mi más profunda gratitud.

Mi esposa, Karolyn, ha sido mi principal animadora por cuarenta años. A menudo he sentido el amor de Dios a través de sus palabras de aliento. En medio de la escritura de este libro, experimentamos la muerte de mi hermana, mi única hermana, a quien le dedico este libro, y doce horas después, el nacimiento de nuestro primer nieto. Durante las emociones que acompañan la muerte y el nacimiento, ella caminó conmigo. Mejores son dos que uno.

A la familia de mi hermana, su esposo Reid y sus hijas Traci, Jill y Allison; solo puedo orar para que el amor de Dios, que ella experimentó y libremente dio, se derrame sobre ustedes y sobre mí, y que podamos ser tan fieles como lo fue ella.

Por otro lado, tal vez te quejes: «Señor, parece que ya no me bendices. Durante algún tiempo, cada vez que me daba la vuelta me estabas bendiciendo. Ahora apenas puedo pagar las cuentas. Parece que voy a perder mi trabajo, y nuestro bebé está enfermo. No entiendo». Si esa es tu queja, es probable que tu lenguaje principal del amor sea el de los regalos. Con trabajo, dinero y salud, te sentías amado por Dios. En su ausencia, sientes que Dios no te ama.

Si alguien se queja de que los sermones del pastor son incoherentes y sin sentido, es probable que el lenguaje principal de esa persona sea el de palabras de afirmación. Si no escucha nada significativo del pastor, el individuo no siente el amor de Dios a través del sermón.

(3) *¿Qué le pido con más frecuencia a Dios?*

Escucha las peticiones que realizas mientras oras, y quizá descubras tu lenguaje principal del amor. Bob ora con mayor frecuencia por sabiduría, y reconoce que su lenguaje principal del amor es palabras de afirmación. «Al leer la literatura de sabiduría del Antiguo Testamento, en especial el libro de Proverbios, siento que camino cerca del corazón de Dios. Cada vez que el Espíritu Santo me muestra cómo aplicar la sabiduría de la Biblia a mi vida en particular, siento que Dios me da una atención personal, y me siento muy amado».

María ora con mayor frecuencia por la salud de sus hijos y que Dios supla las necesidades económicas de la familia. Ella reconoce que recibir regalos es su lenguaje principal del amor. Cuando Dios responde sus oraciones, se siente muy amada por Dios.

La oración más común de Randall es: «Señor, quiero sentir tu presencia. Quiero conocer tu poder. Quiero sentir tu mano sobre mí. Quiero que tu Espíritu me unja». Cuando él experimenta la presencia de Dios de una manera que le afecta de manera física y emocional, siente en lo profundo el amor de Dios y lo corresponde con las manos levantadas y las lágrimas que fluyen, y hasta se sabe que ha danzado en la presencia de Dios. Su lenguaje del amor es el toque físico.

DIOS HABLA TU LENGUAJE DEL AMOR

El lenguaje principal de Doris es tiempo de calidad, y su oración más común es: «Señor, mi vida está llena de actividades y responsabilidades, pero más que nada, quiero pasar tiempo contigo. Ayúdame a encontrar el tiempo». Su hermana, Janice, tiene una oración muy diferente. «Señor, ayúdame a encontrar tiempo para trabajar en el comedor de beneficencia. Ya sabes lo mucho que significa para mí servir a otros en tu nombre. Ayúdame a encontrar tiempo para hacer el ministerio que está en mi corazón». Su lenguaje principal del amor es actos de servicio.

La mayoría de la gente será capaz de identificar su lenguaje principal del amor al responder las tres preguntas anteriores. Y muchísimos descubrirán también que su lenguaje principal del amor sigue siendo el mismo tanto en sus relaciones humanas como en su relación con Dios.

¿POR QUÉ APRENDER TU LENGUAJE DEL AMOR?

La pregunta lógica es: «¿Cómo la comprensión de mi lenguaje principal del amor influye en mi relación con Dios y con los demás?». Permíteme sugerirlo de las siguientes maneras.

(1) Mejor entendimiento propio

Dave me dijo: «Nada es más importante en mi vida que los treinta minutos que paso con Dios cada mañana. He oído que otras personas dicen que tener un tiempo devocional diario requiere mucha disciplina de su parte, pero para mí, casi no requiere disciplina. Preferiría tener mi tiempo devocional que desayunar. Es donde encuentro la fuerza para el día. Para mí, es un privilegio dedicar tiempo para escuchar a Dios y expresarle mis propios pensamientos y sentimientos a Él. Es lo que mantiene viva mi relación con Dios».

¿Por qué es tan fácil para Dave y tan difícil para muchos otros mantener con regularidad un tiempo diario a solas con Dios? Debido a que el tiempo de calidad es su principal lenguaje del amor, y es la forma más natural y significativa de recibir y corresponder el amor de Dios.

Beth es una joven madre soltera. Después de participar en un taller que conduje llamado «Los lenguajes del amor de Dios», dijo: «Ahora entiendo por qué la lectura de devocionarios es tan importante para mí. Mi lenguaje del amor es palabras de afirmación. Casi todas las mañanas cuando leía los comentarios del escritor, encontraba una frase o una idea que me hablaba mucho y me daba el aliento, la fuerza y el amor para seguir con mis responsabilidades. Las palabras son como alimentos para mi alma. Por eso también tengo tres o cuatro CD que pongo constantemente en mi auto mientras conduzco al trabajo. Siento que puedo conquistar el mundo cuando escucho: "Él es mi roca y mi salvación; ¿a quién temeré?". Sé que Dios está conmigo. Las palabras de esas canciones me dan la seguridad de que Dios me ama». Después, en nuestra conversación, Beth añadió: «Ahora también entiendo por qué cantar canciones de adoración a Dios es tan importante para mí. Siento que las palabras expresan mi corazón de gratitud y amor a Dios mejor que cualquier otra cosa».

Conocí a Roger en una iglesia en Singapur. Estaba entusiasmado con su fe y me habló de sus oraciones semanales con otros hombres. «En nuestra iglesia tenemos una reunión de oración antes del servicio. Un pequeño grupo de hombres se reúne para orar unos por otros y por el servicio. Un hombre se pone de rodillas, mientras que los demás hombres ponen sus manos sobre sus hombros y oran por él. Cuando los hombres colocan sus manos sobre mis hombros y comienzan a orar por mí, es como si Dios pusiera su mano sobre mí. Es lo más destacado de mi semana. Nunca me siento más cerca de Dios que cuando los hombres oran por mí. No solo estoy preparado para el servicio, sino que estoy listo para vivir otra semana amando a Dios. De vez en cuando tengo que faltar al servicio de la mañana debido a mi trabajo, pero me aseguro de no perderme la reunión semanal de oración».

El conocimiento del lenguaje de amor primario proporciona una mayor comprensión de uno mismo. Otra persona podría encontrar incómoda o pesada tal dedicación a la oración semanal, pero Roger no. El toque físico es su principal lenguaje del amor, y es la manera en que siente la presencia de Dios. Cuando sabes cuál es tu lenguaje principal del amor, entiendes por qué ciertos aspectos de tu relación con Dios parecen naturales y hablan de forma tan profunda a tu alma.

(2) Mejor posibilidad de comprender y ayudar a los hermanos creyentes

Una segunda ventaja de saber tu lenguaje principal del amor es la de entender mejor a otros peregrinos que son diferentes a ti. Este punto llegó a ser perfectamente claro más tarde durante mi conversación con Roger. Explicó que su esposa criticaba su deseo de asistir a las reuniones semanales de oración temprano por la mañana.

«Ella no entendía lo importante que era para mí hasta que discutimos el concepto del lenguaje de amor, lo cual también me ayudó a entenderla a ella. En mi corazón, siempre la criticaba porque no asistía a la reunión de oración de las mujeres. Pensaba que debía ir si amaba de veras a Dios. Entonces descubrí que el lenguaje principal del amor de mi esposa es tiempo de calidad. Pasa cuarenta y cinco minutos cada día en oración y meditación sobre las Escrituras. Siempre me sentí culpable porque sabía que ella era mucho mejor en eso que yo. Ahora entiendo que el amor que recibe y le da a Dios en su tiempo diario con Él es lo que yo recibo los domingos por la mañana cuando Dios me toca. Y ella ahora entiende lo importante que mis reuniones semanales de oración son para mí y mi relación con Dios».

Es evidente que saber el lenguaje del amor de alguien puede ayudar a explicar el caminar con Dios de esa persona; un conocimiento que es importante en especial cuando la otra persona es uno de los cónyuges. Madeline era una mujer alegre que, a mi juicio, tenía unos cincuenta y tantos años. Ella me dio las gracias por ayudar a entender a su esposo, y me contó su historia.

—Por años me quejé debido a la gran cantidad de dinero que regala. Les da a todos los que le piden dinero, incluso a los hombres con carteles en el semáforo. Tenía la costumbre de decirle: "No haces más que darles dinero para emborracharse". Me respondía: "Pero tal vez tengan hambre". Es probable que les dé a setenta y cinco organizaciones cristianas de todo el mundo. No me refiero solo a una vez; me refiero a todos los meses. Nuestra chequera se parece a una lista religiosa.

»Una vez le dije: "Si con las donaciones se llega al cielo, tú vas a tener una mansión". Él respondió: "No se llega al cielo dando. Al cielo se llega cuando aceptas el regalo de la vida eterna de Dios por medio de Jesucristo. No estoy dando para llegar al cielo; doy porque voy al cielo y quiero mostrarle a la gente el amor de Dios en mi camino".

»En mi corazón sabía que tenía razón, pero siempre me parecía que estaba exagerando. Ahora que he oído acerca de los cinco lenguajes del amor, lo entiendo. Dar regalos es su lenguaje principal del amor. Está perdidamente enamorado de Jesús y su mayor alegría es dar a las causas de Cristo en todo el mundo.

—¿Él también te da regalos? —le pregunté.

—Ah, ¡todo el tiempo! —me respondió—. Nunca he tenido ninguna queja por eso, aunque a veces he sentido que exagera. Sin embargo, ahora los acepto y le doy las gracias.

—Entonces, ¿le das regalos a él también? —le pregunté.

—Después que leímos y discutimos su libro —me dijo—, me di cuenta de que no le había dado muchos regalos a través de los años y le pregunté si había sentido mi amor en realidad. Su respuesta fue: "Ah, Madeline, me has dado el regalo de tu presencia, el regalo de tu compromiso, el regalo de tu belleza, el regalo de tres hijos, el regalo de cientos de comidas, el regalo del ánimo". No paraba de hablar. Para él todo es un regalo.

—Me imagino que tu lenguaje principal del amor no sea el de regalos —continué.

—Tiene razón —me dijo—. Mi lenguaje del amor es el de palabras de afirmación. Y después que leímos el libro, él ha llegado a hablar mucho mejor en mi lenguaje. Antes, pensaba que los regalos eran la respuesta a todo. Ahora entiende que somos diferentes. Siempre me ha dado una buena cantidad de afirmación verbal, pero ahora se ha convertido en un experto en hablar mi lenguaje. En cambio, la mayor diferencia es que ya no me quejo de todo lo que derrocha. Veo que es su forma de amar a Dios, y tengo la suerte de estar casada con un hombre así.

La actitud de Madeline cambió cuando comprendió el lenguaje principal del amor de su esposo.

«AHORA ENTIENDO A MI CUÑADO»

Hace algunos años, mi esposa y yo viajábamos por la vía de Blue Ridge en las montañas de Carolina del Norte. Nos detuvimos en una tienda de artesanía donde ella curioseaba mientras yo ocupaba una de las mecedoras en el portal. El hombre a mi lado era amable y empezó a hablar casi de inmediato. Cuando se dio cuenta de que di consejería en una iglesia, dijo:

—Tengo un cuñado que va a una de esas iglesias de gente que cae al suelo. ¿Qué opina de este tipo de iglesias? ¿Eso es bueno de verdad?

No queriendo responder antes de comprender por completo la cuestión, le pregunté:

—¿Qué clase de iglesia es esa?

—Bueno, dicen que es una iglesia bautista, pero no es como cualquier iglesia bautista que haya visto en mi vida.

—¿Ha visitado la iglesia con su cuñado? —le pregunté.

—Una vez —me respondió— y juré que no volvería nunca más.

Le pedí que me la describiera.

—Bueno, cantan esas canciones góspel y todo el mundo se alegra y grita. Es decir, corren de arriba abajo por los pasillos y dicen: "Aleluya, alabado sea el Señor". Una señora estaba llorando y agitando un pañuelo blanco mientras decía: "¡Gracias, Jesús! ¡Gracias, Jesús!". Mi cuñado levantó ambas manos y danzó en el pasillo. Era como si estuviera en un trance o algo así. Era como nada que hubiera visto jamás.

—¿Ha hablado con su cuñado sobre sus creencias religiosas? —le pregunté.

—Sí —dijo—. En realidad, los dos somos bautistas y estamos de acuerdo en casi todo. Él cree en la Biblia; cree que Jesús es el Hijo de Dios y que llegamos al cielo por confiar en la muerte y resurrección de Jesús. Solo que su estilo de adoración es muy diferente al mío. Para mí, solo es demasiada emoción. No lo entiendo.

En ese momento, mi esposa salió de la tienda. Sabía que ella no estaba interesada en escucharme hablar con un desconocido durante una hora acerca de la religión, así que le dije al hombre:

—Creo entender a su cuñado, pero no tengo tiempo para explicarlo.

Fui a mi auto, tomé un ejemplar de *Los cinco lenguajes del amor*, regresé y le dije al hombre:

—Aquí tiene un libro que escribí. No es sobre el tema de la religión. Es acerca del matrimonio, pero si usted leyera este libro, creo que le ayudaría a entender a su cuñado.

»Después de leer el libro, llámeme y lo analizaremos más —añadí y le di mi tarjeta.

Me expresó su agradecimiento por el libro, y Karolyn y yo continuamos nuestra tarde de viaje.

Es probable que seis meses después, mi secretaria me dijo: «Hay un hombre al teléfono llamado Horacio; dice que te conoció en la vía de Blue Ridge». Yo no recordaba que alguna vez me diera su nombre, pero me acordaba del hombre, por lo que tomé la llamada.

—¿Recuerda nuestra conversación en la vía de Blue Ridge sobre mi cuñado y su iglesia? —empezó.

—Sin duda que sí.

—Bueno, mi esposa y yo leímos su libro. ¿Cómo supo que estábamos teniendo problemas en nuestro matrimonio?

Me reí y le dije:

—Bueno, no lo sabía, pero pensé que el libro podría ayudarle a entender a su cuñado.

—Me ayudó —dijo—, pero también ayudó a nuestro matrimonio. No leo muchos libros, pero este era fácil de leer y tenía mucho sentido. Mi esposa y yo lo discutimos, y estamos aprendiendo a hablar el lenguaje principal del amor de cada uno. En realidad, ¡ha ayudado a nuestra relación!

Le dije que me alegraba y entonces le pregunté:

—¿Qué me dice de su cuñado? ¿Le dio alguna idea sobre él?

—Bueno, lo primero que hice después que mi esposa terminó de leer el libro fue dárselo a mi cuñado y a su esposa. Lo leyeron en unas pocas semanas y lo discutieron entre sí, y una noche cenamos juntos. Nos dijo que su lenguaje del amor era el toque físico y el lenguaje del amor de su esposa era el de actos de servicio. También habían tenido algunas luchas en su matrimonio, y el libro les ayudó de veras. Yo no hice la conexión de inmediato, pero a la semana siguiente me puse a pensar en nuestra conversación y por qué me habría dado un libro sobre el matrimonio cuando le estaba haciendo una pregunta acerca de la religión. Entonces, me di cuenta. El lenguaje del amor de mi cuñado es el toque físico, por lo que su método de adoración era físico.

»Fue como si se encendiera una luz, y me dije: *Es lógico pensar que su adoración a Dios sea física, porque el toque físico es su principal lenguaje del amor. Cuando levanta las manos y danza en el pasillo, está amando de veras a Dios.*

»Un par de semanas después, saqué el tema a relucir mientras mi cuñado y yo estábamos cazando. Él no había hecho la conexión. Sin embargo, cuando le comenté mis pensamientos, dijo: "¿Sabes, Horacio? Tiene mucho sentido. Mi esposa es más de un tipo tranquilo y siempre me parecía que no era tan espiritual como yo, pues no participaba en la adoración como lo hacía yo. Sin embargo, ahora que me doy cuenta de que su lenguaje del amor es actos de servicio, veo por qué siempre está haciendo cosas para la gente. Prepara comidas cuando alguien en la iglesia está enfermo. Cuando hay una muerte en la comunidad, se acerca y ayuda a limpiar la casa para la familia y, por supuesto, le lleva la comida.

Visita los hogares de ancianos cada semana. Ahora estoy empezando a ver que esta es su forma de adoración. Le muestra su amor a Dios mientras habla su lenguaje del amor. Hombre, me alegro de que habláramos de esto, Horacio. Nunca lo habría pensado si no hubiéramos tenido esta conversación".

Horacio concluyó su historia de «lo que sucedió después que se fue» con una sugerencia final.

—Así que ahora entiendo a mi cuñado y él entiende a su esposa. Tal vez debería escribir un libro sobre los lenguajes del amor de Dios. Podría ayudar a mucha gente a entender mejor a los demás.

—Quizá deba hacerlo —le dije—. Voy a pensar un poco en eso.

Lo pensé un poco y este libro es el resultado. Espero que muchos otros se beneficien de la comprensión que experimentó Horacio.

Mientras Jesús estaba en la tierra, Él oró para que quienes se convirtieran en sus seguidores se vieran a sí mismos en unidad, no solo con Él y su Padre, sino también entre sí. En mi opinión, una de las tragedias de los últimos dos mil años es que los seguidores de Jesús se han criticado demasiado a menudo entre sí. Algunas de las críticas se han centrado en «métodos de adoración». Tal vez muchas de nuestras diferencias logren conciliarse mientras entendemos que Dios usa varios lenguajes para hablarle al corazón humano. A medida que las personas responden a Él con diferentes lenguajes del amor primario, puede llegar a fortalecerse su reino en lugar de dividirse.

PREGUNTAS PARA REFLEXIÓN O DISCUSIÓN

(1) En este punto del libro, es probable que ya tengas una buena idea de cuál es tu lenguaje principal del amor. Entonces, responde las tres preguntas para confirmar y aclarar tu opinión:

- _¿Cómo les expreso casi siempre amor a otras personas?_
- _¿Acerca de qué me quejo más a menudo?_
- _¿Qué pido con más frecuencia?_

(2) Al responder las mismas tres preguntas en lo que se refiere a tu relación con Dios en específico, ¿qué descubrimientos hiciste sobre los aspectos espirituales de tu vida?

(3) Piensa en algunos de los desacuerdos o conflictos que has tenido con otros creyentes basados en torno a los métodos de adoración. Después de considerar los diferentes lenguajes del amor y cómo influyen en la relación de una persona con Dios, ¿puedes entender mejor las preferencias de la otra persona?

Capítulo ocho

8

APRENDE *a*
HABLAR NUEVOS
DIALECTOS *del* AMOR

Somos criaturas de hábitos. Desde el momento en que nos levantamos en la mañana, tendemos a pasar por la misma rutina día tras día. Piénsalo. ¿Cuán diferente fue la mañana de ayer a esta mañana? Lo más probable es que desde que te dirigieras de la cama al baño tu día comenzara igual que todos los días durante meses. El jabón, el cepillo de dientes, la toalla, el inodoro... se abordan de forma típica en el mismo orden.

Ahora bien, no hay nada de malo con el orden. Es más, haciendo las mismas cosas en el mismo orden, incluso se puede ahorrar tiempo. Sin embargo, la repetición también puede propiciar la monotonía y, a la larga, el aburrimiento.

Las personas son creativas de nacimiento. A medida que nos conectamos con nuestra naturaleza creativa, la vida se vuelve más emocionante y menos previsible. Desde hace varios años he decidido a propósito variar mi rutina de la mañana al menos un día a la semana por el simple hecho de la variedad. Tal vez desayune antes de afeitarme, en lugar de hacerlo después. Quizá desayune en traje y corbata, en lugar de hacerlo en mi pijama de franela que cubre la camiseta con cuello en V. Incluso puedo romper mi rutina de toronja y cereal de avena, y probar algo bien radical como el jugo de uvas blancas y el cereal escarchado. Algunas personas tienen una rutina de huevos, salchichas, sémola y salsa, ¡pero para mí eso es más o menos un derroche de una vez al año!

He disfrutado tanto de esa pizca de creatividad matutina que hasta he empezado a introducirla poco a poco en el resto de mi día. Nada rompe la monotonía de la tarde como conducir veinte minutos al otro extremo de la ciudad para saborear dos rosquillas, con leche descremada, por supuesto. Después de tal salida, puedo regresar a la oficina sintiendo como si hubiera tenido una aventura.

Un número cada vez mayor de empleados está aprendiendo el valor de tales minivacaciones en medio de la jornada laboral. La variedad estimula la mente y anima la creatividad de lo que podría ser una vida de monótona rutina.

CORAZÓN Y OJOS ABIERTOS

Me gustaría sugerir que el mismo principio se aplica a una relación de amor con Dios. Si solo hacemos lo que es natural y le expresamos el amor a Dios en nuestra forma habitual, es posible que hasta una relación con Dios se convierta en rutina.

Una vez, durante una visita a Inglaterra con mi hijo en edad universitaria, pasamos una tarde en la catedral de Salisbury. Al principio, caminamos juntos, pero pronto él se fue por su lado a fin de quedarse más tiempo ante los vitrales, sentarse y observar a los adoradores sinceros, maravillarse con el estilo arquitectónico y ascender por la escalera para ver el otro lado de las bóvedas de la catedral. Cuando el sol empezaba a ponerse, Derek y yo nos reunimos afuera en la hierba del hermoso césped. Mirando hacia la catedral, le pregunté: «¿Quieres orar?». Me respondió: «Papá, he estado orando por dos horas».

Guardé silencio por su respuesta. No me entiendan mal; me conmoví mucho durante el tiempo que pasé en la catedral. Lo invité a orar porque quería que compartiéramos la sensación de bienestar de la experiencia. Aun así, debo ser sincero; nunca se me ocurrió orar mientras caminaba a través de la catedral. Estaba demasiado absorto en su estructura y forma.

Me di cuenta de que yo tendía a limitar la oración a ciertos límites de rutina que había establecido: sentado o de rodillas mientras cerraba los ojos y hablaba con Dios. Mi hijo había descubierto un nuevo dialecto de la oración, uno que involucraba caminar, no solo con el corazón abierto, sino también con los ojos abiertos. Me enseñó un dialecto que he disfrutado desde entonces. Ahora, a menudo oro en voz alta mientras conduzco por la autopista (con los ojos abiertos, por supuesto).

Cada uno de los cinco lenguajes del amor tiene varios dialectos, pero muchos de nosotros nos hemos limitado a los pocos que nos vienen de manera natural. En este capítulo, quiero explorar la posibilidad de que mejores tu relación de amor con Dios aprendiendo a hablar nuevos dialectos de tu lenguaje principal del amor. O si eres de veras creativo, es posible que trates de hablar un lenguaje del amor diferente por completo, quizá uno que nunca hayas hablado antes. Si Dios no está limitado en los lenguajes y dialectos del amor que habla, nosotros no debemos limitarnos tampoco. En la verdadera adoración, podemos aprender a honrar a nuestro Creador de muchas maneras.

Este capítulo volverá a examinar cada uno de los cinco lenguajes del amor, y añadirá breves ejemplos de varios dialectos dentro de cada lenguaje. Estos son solo representativos, desde luego. Con un poco de creatividad, puedes descubrir un dialecto que nunca te ha pasado por la cabeza y, al hacerlo, traer una nueva dimensión a tu relación con Dios.

PALABRAS DE AFIRMACIÓN
PRIMER DIALECTO: ACCIÓN DE GRACIAS

Uno de los dialectos más conocidos de las palabras de afirmación es el de acción de gracias. Entre mis salmos favoritos está el Salmo 100, tal vez porque lo memoricé cuando era niño. David escribió: «Entren por sus puertas [del Señor] con acción de gracias» (versículo 4).

No obstante, incluso en este aspecto, tendemos a limitarnos a las mismas expresiones específicas de gracias una y otra vez. «Gracias por mi esposa y mis hijos. Gracias por los alimentos. Gracias por la vida y la salud». Cuando se repite con bastante frecuencia, estas expresiones pueden llegar a ser una simple rutina e incluso pueden decirse sin un pensamiento consciente.

Demos gracias por las cosas

Hace varios años me desafiaron a pensar de manera más creativa acerca de las expresiones de agradecimiento a Dios. Emily asistía a una conferencia en la que hablaba yo. No me acuerdo cómo el tema de la acción de gracias salió a relucir en la conversación, pero recuerdo lo que dijo ella. «¿Sabe cómo gran parte de nuestra oración consiste en pedirle cosas a Dios? Bueno, esta semana decidí que no iba a pedirle algo a Dios, sino que en su lugar le daría las gracias por las cosas que ya me había dado. Miré alrededor de mi casa y me di cuenta de que estaba llena de cosas que hacían mi vida más fácil o me traían recuerdos. Así que decidí darle gracias a Dios por cada una de ellas».

Entonces, Emily describió cómo hacía eso. «Me acosté en mi cama y le di gracias por esta, mencionando la almohada, el colchón, la sábana, la manta y la colcha muy bien decorada. Le di gracias por el teléfono y porque era inalámbrico para que pudiera caminar por la casa mientras hablaba. Le di gracias por la mesita de noche y por el cajón que me daba un espacio para ocultar mi cuello ortopédico. Toqué la sombra de la lámpara de la mesita de noche y le di las gracias por darle a Thomas Edison una idea tan maravillosa y por permitirme tener una luz para leer cuando me iba a la cama por la noche.

»Me acerqué a la ventana, toqué las persianas y le di gracias debido a que con un tirón de una cuerda pudiera tener privacidad. Toqué las cortinas y le agradecí que no solo combinen con el cobertor, sino que varios años antes me dio la capacidad para hacerlas, lo cual llevó mi mente a la máquina de coser eléctrica.

Así que entré en el cuarto de costura y le di gracias por la máquina. Una vez allí, le di gracias por la mesa en la que pude estirar la tela, por una vara de medir, por los patrones y por una habitación bien iluminada que estimuló mi espíritu creativo.

»Entré al baño, abrí el grifo y le agradecí que tenía agua corriente. Toqué los grifos de agua caliente y fría y le agradecí que hubiera una elección. Me senté en el inodoro y le di gracias porque no tenía que dirigirme a un retrete fuera de la casa como el que había visto en la granja de mi tío George. Entré en la ducha y le di gracias porque no tenía que ir a bañarme al río. Le di gracias por las alfombras que impedían que mis pies tocaran el frío suelo de baldosas y por la gruesa toalla blanca que envolvía alrededor de mi cuerpo. Cuando miré todas las cremas, los aceites y los accesorios alrededor de mi lavabo, no solo le di gracias por su presencia, sino que la voz dentro de mí dijo mientras me miraba en el espejo: "Sé creativa; ¡te puedes ver mejor que eso!".

»Más tarde, me senté en mi silla en el estudio y le di las gracias, no solo por esa silla, sino por todas las sillas en mi casa. Caminé por la habitación, tocando cada objeto. Toqué la foto de mi abuela y le di gracias a Dios por el recordatorio de que tengo una herencia piadosa. Toqué el reloj que me dio mi abuelo antes de morir y le di gracias a Dios por su recuerdo. Toqué las dos velas y le di gracias por tener una reserva la próxima vez que una tormenta nos dejara sin electricidad. Toqué los libros que yacían en el suelo junto a mi silla y le di gracias por las muchas personas que han enriquecido mi vida por sus escritos.

»Durante una hora», dijo ella, «caminé por mi casa dándole gracias a Dios por las cosas que me había dado. Todavía tengo cuatro habitaciones más para ir. Voy a tener otra hora la próxima semana de acción de gracias».

Nunca he olvidado mi conversación con Emily. Enriqueció mi vida para siempre. Desde entonces, he establecido mi propio horario de acción de gracias, tocando la mayor parte de los objetos en mi casa y expresando mi agradecimiento a Dios.

Demos gracias por las personas

Por supuesto, darle gracias a Dios por los objetos materiales no es más que un pequeño campo de acción de gracias. Otra opción significativa es darle gracias a Dios por las personas que Él ha traído a tu vida.

Inténtalo alguna vez. Te sorprenderás por el número de personas por las que se puede dar gracias. Comienza con tu familia inmediata y pasa a tu familia extendida. (Quizá encuentres que quieras decir acerca de ciertos miembros de la familia: «Gracias por esta persona, pero me gustaría que la hubieras hecho un poco más amable». No cedas a esta tentación. Piensa en algo bueno que la persona ha hecho o dicho, y dale gracias a Dios).

Una vez que reconociste a tu familia extendida, piensa en las personas que te enseñan en la escuela y en la iglesia. Desempolva los anuarios escolares, mira las imágenes de tus compañeros de clase y dale gracias a Dios por todos los que conociste. Piensa en las personas de tu vecindario que han hecho buenas acciones a través de los años, los amigos de tu grupo de estudio bíblico que siguen influyendo en tu vida de una manera positiva, las personas que abastecen los estantes de las tiendas donde compras, los bomberos y policías que protegen tu ciudad, y el trabajador de la higiene que recoge la basura cada semana. Y asegúrate de no olvidar a las personas que han influido en tu desarrollo espiritual a través de los años.

Demos gracias por la naturaleza y su diseño único

En otra oportunidad, pasa tiempo en acción de gracias por el mundo natural a tu alrededor: la hierba y los árboles, las flores y las mariposas, las nubes aborregadas y los vientos que las mueven, las gotas de agua en las rosas y el sol en las margaritas, las montañas y llanuras, las playas y los ríos. Durante una visita al zoológico, puedes iniciar tu lista interminable de acción de gracias por el mundo de los animales.

Saca la enciclopedia y haz un poco de investigación sobre el cuerpo humano. Agradécele a Dios por la glándula tiroides, el esternón, el estómago y el hígado. Examina las diversas partes del cerebro humano, y dale gracias a Dios que esas partes estén funcionando y que todo esté conectado a la médula espinal. Observa el sistema circulatorio, y la cooperación entre el sistema esquelético y el muscular. Examina el sistema digestivo, y dale gracias a Dios la próxima vez que tengas una evacuación intestinal. (¡Sí, de verdad!). El cuerpo humano proporcionará muchas horas de acción de gracias.

A medida que te vuelves más creativo y reflexivo, entras «por sus puertas [de Dios] con acción de gracias». Aun así, la acción de gracias es solo uno de los dialectos de las palabras de afirmación.

PALABRAS DE AFIRMACIÓN
SEGUNDO DIALECTO: ALABANZA

En el Salmo 100:4, el salmista también desafió a las personas con problemas para que entraran en los atrios del Señor con alabanza. La acción de gracias y la alabanza son primas. La alabanza se centra en quién es Dios, mientras que la acción de gracias se centra en lo que hace Dios.

En el Antiguo Testamento, la palabra para *alabanza* se deriva del término *halal*, que está asociado con hacer ruidos. Es más, el Salmo 100 comienza con esta orden: «Habitantes de toda la tierra, griten con todas sus fuerzas: ¡Viva Dios! ¡Adórenlo con alegría!» (vv. 1-2, TLA). El título hebreo para el libro de los Salmos es *Sefer Tehillim*, lo que significa Libro de las Alabanzas.

El gozo interior, que viene de hacer la conexión con Dios, se expresa en la alabanza. Por lo tanto, la alabanza es una señal del pueblo de Dios, y la Biblia entera está marcada con explosiones de alabanza. Por otra parte, los no creyentes se caracterizan por su negativa a alabar a Dios[1].

Alabanza verbal

La alabanza a Dios se puede expresar con música o sin ella, en privado o en el culto corporativo con otros. La alabanza verbal es una forma de afirmar nuestra creencia de que Dios es santo, justo, omnipotente, misericordioso y amoroso. Él no solo es nuestro Creador; también es nuestro Redentor. Él ha hecho posible la conexión de amor y, por eso, lo alabamos.

La comprensión de que somos hijos de Dios ahora y siempre nos debe motivar para alabarlo. Y si el lenguaje principal del amor de alguien es el de palabras de afirmación, será fácil expresarle alabanzas verbales a Dios. Sin embargo, repito, es fácil caer en el uso de palabras y frases comunes, expresadas con regularidad en un horario y lugar. Si esto sucede, incluso nuestra alabanza, que comienza como auténtica, puede convertirse en simple ritual. Por lo tanto, mejoramos nuestra relación de amor con Dios cuando pensamos de manera creativa acerca de los lugares y formas de expresarle la alabanza.

Por ejemplo, pararse delante de una ventana que da a la belleza de la creación de Dios y leer en voz alta el Salmo 19. Añade tus propias palabras de alabanza a medida que avanzas. Quizá descubras que usas términos de alabanza que no has usado nunca antes.

O consigue un diccionario bíblico y busca la palabra «*Dios*». Al leer el artículo que describe las diversas características de Dios, expresa tus propias palabras de alabanza por ser quien es Él.

Alabanza a través de la música

El canto de alabanza fue central en el Antiguo y el Nuevo Testamento. La ofrenda de alabanza a menudo se asociaba con la música. El libro de los Salmos, himnos y coros de alabanza pueden ayudar a estimular tu creatividad a medida que buscas palabras para alabar a Dios.

No necesitas ser capaz de cantar bien con el fin de utilizar estos recursos de alabanza. Toma un himnario y cántale uno de los viejos himnos a Dios. No te preocupes por mantener el tono. A Dios no le importa si eres o no un músico. (¡Recuerda que el Salmo 100:1-2 solo dice que *grites* con todas tus fuerzas y adores con alegría al Señor!). Después de cada estrofa que cantes, expresa tus propias palabras de alabanza a Dios.

Una de las mejores maneras de agregar dimensión a tus afirmaciones musicales hacia Dios es unirte a otros para expresar alabanza durante la *adoración corporativa*. Permite que tu corazón se exprese a Dios a través de las letras de las canciones.

Mucho se ha debatido sobre la creciente popularidad de la llamada música de alabanza y adoración en oposición a los cantos tradicionales de la iglesia. ¿Es una forma musical mejor que la otra? Tal vez una lección de la historia podría proporcionar alguna perspectiva útil.

En 1692, Isaac Watts era un muchacho de dieciocho años de edad que se negaba a cantar durante los servicios de la iglesia. Un domingo, su padre lo reprendió por no cantar. Isaac respondió que la música no valía la pena porque el canto de los salmos no rimaba, y eran secos y de mal gusto en forma y frase.

—Esos himnos fueron muy buenos para tu abuelo y tu padre —le dijo Watts sénior—, y tendrá que ser muy bueno para ti.

Isaac, en cambio, fue insistente:

—Nunca lo será para mí, padre, a pesar de lo que usted y su padre pensaban de ellos.

—Si no te gustan los himnos que cantamos, escribe mejores —le dijo su padre.

—He escrito otros mejores, padre, y si toma un descanso y lo escucha, le leeré uno a usted —le dijo Isaac a su padre, quien había estado reflexionando sobre el canto de los ángeles en Apocalipsis 5:6-10 y lo había reescrito, dándole rima y ritmo:

«He aquí la gloria del Cordero
En medio del trono de su Padre;
Preparen nuevos honores por su nombre,
Y canciones desconocidas antes».

Su asombrado padre llevó la composición de Isaac a la iglesia. A la congregación le gustó tanto que le pidió a Isaac que trajera otra el domingo siguiente, y el siguiente, y el siguiente, por más de doscientas veintidós semanas consecutivas[2]. Hoy en día, a Isaac Watts se le considera el padre de la himnodia moderna.

Trescientos años más tarde, los jóvenes Isaac Watts de nuestros días escriben música de alabanza y adoración. La música expresa el ritmo y la rima de sus corazones. Los que se han acostumbrado a los himnos de Isaac Watts, harían bien en seguir el ejemplo del padre de Isaac y dejar que los jóvenes de nuestra generación nos lleven a algunas nuevas expresiones de alabanza. De este modo, podemos permitirles que bendigan a la iglesia durante los próximos trescientos años.

Los dialectos de alabanza son muchos porque esta no es una cuestión de forma; se trata de un asunto del corazón. Te sugiero que continúes utilizando los dialectos que has encontrado significativos en el pasado y luego mejores tu alabanza a Dios al probar nuevas formas. Tal vez el deseo de mantener la propia alabanza viva y sentida explique por qué muchos jóvenes que se criaron con estilos de adoración informales y sin restricciones se encuentren ahora más atraídos por el culto litúrgico. La lectura de liturgias, que quizá se convirtiera en un ritual para alguien que las haya repetido durante treinta años, puede ser como el agua dulce para una persona joven que nunca las haya escuchado.

Mi petición es que los creyentes dejen de criticar estilos y formas que no les resultan conocidos. En su lugar, procuremos mantener nuestra propia alabanza genuina mediante la búsqueda de nuevas formas para nosotros, pero conocidas y comprendidas por Dios que es a quien deseamos alabar.

PALABRAS DE AFIRMACIÓN
OTROS DIALECTOS

Solo he analizado dos dialectos básicos relacionados con el lenguaje del amor de las palabras de afirmación. Hay muchos más.

Puedes tratar de escribirle una carta de amor a Dios. (Sí, es posible utilizar la computadora). Después de todo, Él te escribió varias cartas. (Veintiún libros del Nuevo Testamento son cartas escritas por los apóstoles, pero están inspiradas por Dios). ¿Por qué no leer un capítulo de la Escritura para determinar lo que está en el corazón de Dios, y luego escribirle una carta expresando tu respuesta?

Si eres poético, puedes escribirle un poema. Si eres alguien musical, incluso puedes expresarle tu afirmación en una canción. Si eres cantante, puedes cantarles a Dios y a los demás. (Si no eres cantante, cántale solo a Dios).

Los dialectos para expresarle el amor de Dios a través de las palabras de afirmación son ilimitados. Puedes aprender nuevos dialectos mediante la lectura de los escritos de otras personas que tienen este lenguaje principal del amor, de amigos en un grupo de discusión o por tu cuenta durante el tiempo devocional. Pídele al gran Creador que toque el espíritu de la creatividad dentro de ti, y es posible que descubras dialectos de palabras de afirmación que nunca te habían pasado por la mente.

TIEMPO DE CALIDAD
PRIMER DIALECTO: RECURSOS IMPRESOS

Si tu lenguaje principal del amor es tiempo de calidad, esperarás con ilusión esos momentos en los que puedes tener un tiempo a solas con Dios. Te puedes identificar muy fácil con Karen, quien dijo: «La mejor parte de mi día es mi "tiempo devocional" con Dios».

Cuando le pregunté acerca de lo que hacía durante su «tiempo devocional» con Dios, me respondió:

—Por lo general, leo un capítulo de la Biblia, subrayo frases o palabras clave, después hablo con Dios acerca de esas palabras o frases. A veces le hago preguntas a Dios. A veces, le expreso agradecimiento. Otras veces le confieso mis pecados que se revelaron al leer el capítulo. A continuación, casi siempre leo un comentario, a fin de ver lo que otros pensaron al leer el capítulo. A menudo, recibo afirmación al ver que a otros les conmovió la misma idea que atrapó mi propia mente, y a veces encuentro respuestas a mis preguntas.

Después de la lectura de su comentario, Karen seguiría con la selección diaria en uno de sus devocionarios.

—Respondo a Dios acerca de lo que leo en el devocionario —me dijo—. Entonces, tengo un tiempo largo de oración en el que pongo mi día, mi familia y mis preocupaciones ante Él para pedirle su sabiduría y dirección. Algunas veces termino cantándole una canción a Dios. No soy muy musical, pero creo que Dios escucha la melodía de mi corazón.

»Hablo con Dios periódicamente durante todo el día —continuó Karen—, pero mi devocional en la mañana es lo que sostiene mi espíritu. Me prepara para afrontar el día. A menudo lo comparo con mi matrimonio. Cuando Jim y yo tenemos nuestro "tiempo de pareja" cada día en el que compartimos nuestra vida el uno con el otro, me siento conectada con él y nuestro matrimonio parece saludable. Cuando por cualquier razón dejamos de tener esos tiempos de calidad juntos, me siento distante. Mi tiempo a solas con Dios es lo que me da la sensación de estar cerca, o en estrecha relación, con Dios.

—¿Dónde y cuándo pasas este tiempo de calidad con Dios? —le pregunté.

—El único tiempo que de veras me da resultado es en la mañana antes de que se despierte mi familia —dijo—. Mi lugar está en el sótano junto a una mesita en un rincón del cuarto de lavandería. En cuanto a estética, no tiene mucho que ofrecer, pero para mí es una catedral. A veces, cuando salgo del cuarto, pongo una carga de ropa y veo el cartel que puse encima de la lavadora: "Recuerda, estás lavando la ropa de Jesús". Descubrí esa verdad durante mi tiempo a solas con Dios, del capítulo 3 de Colosenses —dijo, parafraseando el verso 17.

Tal vez puedas identificarte con Karen. Si tu lenguaje principal del amor es tiempo de calidad, es posible que también tengas un tiempo, un lugar y un método de pasar tiempo de calidad con Dios. En cambio, si todavía no has establecido un tiempo devocional con regularidad, puedes encontrar la descripción de Karen muy atractiva. Para ella, el lenguaje de amor del tiempo de calidad es la expresión más profunda de su amor a Dios, y detecta con mayor intensidad su amor por ella mediante el uso de diversos recursos impresos durante sus interacciones diarias con Él.

TIEMPO DE CALIDAD
SEGUNDO DIALECTO: CAMINAR CON DIOS
(LITERALMENTE)

Sin embargo, hay muchísimos más dialectos de tiempo de calidad. El lenguaje de amor de Patrick es también tiempo de calidad, pero su personalidad no se presta al patrón descrito por Karen. Es un hombre en movimiento que le gusta caminar tanto como a Karen le gusta sentarse y meditar.

Cuando le pregunté a Patrick cómo pasaba tiempo de calidad con Dios, dijo sin vacilar: «Ah, Dios y yo tenemos maravillosos paseos juntos durante el cual memorizo versículos de la Escritura. Una vez, un amigo me habló acerca de esta idea, y he estado haciéndolo durante varios años. Imprimo el versículo en la parte posterior de una de mis tarjetas de visita. Mi amigo me dio un pequeño paquete de cuero para guardar las tarjetas de versículos. Lo llevo conmigo cuando camino y repaso los versículos, hablando con Dios acerca de cada uno. Algunos versículos me llevan a confesar un pecado. Otras veces me motivan a pedir la ayuda de Dios para aplicar a mi vida el principio del versículo. Algunos me estimulan a orar por otras personas».

De seguro que el método de Patrick para pasar tiempo de calidad con Dios es muy diferente al método de Karen, pero son solo dialectos diferentes del mismo lenguaje del amor. Ambas personas pasan tiempo de calidad en la conversación con Dios.

TIEMPO DE CALIDAD
TERCER DIALECTO: USUAL TIEMPO PROLONGADO
CON DIOS

Julia, en cambio, describió un tercer dialecto del tiempo de calidad. «Mi vida es tan agitada con la crianza de tres hijos, trabajando en un empleo a tiempo completo y tratando de ser la esposa de Rob. La idea de un tiempo diario a solas con Dios es fascinante para mí, pero nunca he sido capaz de hacer que resulte. Así que lo que he hecho es sacar un período de tres horas cada semana durante las cuales tengo un tiempo extendido con Dios. Por lo general, es el jueves por la mañana de nueve a doce del mediodía. El jueves es el día más ligero en mi semana de trabajo, y mi empleador acordó darme esas tres horas de descanso cada semana, sin sueldo, por supuesto.

»Este tiempo es el punto culminante de mi semana. No sé lo que haría si no me tomara ese tiempo extendido a solas con Dios. En el verano voy al parque de la ciudad. Hay varias mesas de pícnic, y siempre puedo encontrar una que está vacía. En el invierno me voy a casa. Los niños están en la escuela, mi esposo está en el trabajo y la casa está en silencio, por lo que a su vez nuestra sala es un centro de adoración».

En casa, Julia canta himnos, lee las Escrituras y con frecuencia lee biografías. La lectura acerca de las vidas de otros la alienta, informa ella.

«Mientras canto y leo, hablo con Dios. Expreso mi adoración a Él y le pido su ayuda y dirección para mi vida. A veces me siento tentada a hacer las tareas domésticas durante esas tres horas», confesó Julia. «Sin embargo, no he cedido a la tentación. Si lo hiciera, iría en contra de todo el propósito de pasar tiempo de calidad con Dios. Algún día espero ser capaz de tener mi devocional todos los días, pero por ahora esto es lo que me da resultado. Sin este tiempo, no estoy segura de que sobreviviría a las presiones de la vida. Lo que de veras me anima es que creo que Dios se entusiasma tanto como yo durante el tiempo que estamos juntos. Me sentiría como si le estuviera fallando si no asistiera».

Es obvio que Julia ha aprendido a hablar un dialecto del tiempo de calidad que es significativo para ella y mejora su relación con Dios.

TIEMPO DE CALIDAD
CUARTO DIALECTO: COMENZAR Y TERMINAR EL DÍA CON DIOS

Robert era un representante del fabricante para varias empresas que viajaba mucho. Sabía que era un devoto seguidor de Jesús, y también sabía que su lenguaje principal del amor era el tiempo de calidad. Le pregunté:

—¿Cómo encuentras tiempo para desarrollar tu relación con Dios cuando estás de viaje tan a menudo?

—No hay problema —dijo—. Todas las mañanas, antes de salir de la habitación del hotel, paso diez minutos escuchando a Dios y hablando con Él. Llevo un pequeño devocionario en mi maletín. Siempre leo el versículo para el día y los comentarios, y luego hablo con Dios acerca de lo que leí y pido su dirección.

»Al final del día, casi siempre estoy en otra ciudad, cenando a menudo con los clientes. Si el clima es agradable cuando termina la cena, busco un parque público y doy un paseo con Dios, orando por el día, mi familia y por los misioneros que son amigos míos. Después de la caminata, me siento y leo un capítulo de la Biblia, subrayando las cosas que parecen más importantes para mí y hablo con Dios al respecto. Si el tiempo es inclemente, uso el gimnasio del hotel para hacer un poco de ejercicio y leo la Biblia en mi habitación.

»Comenzando y terminando mi día hablando de manera consciente con Dios me mantiene cerca de Él. He estado haciendo esto durante muchos años, y no puedo imaginar no pasar tiempo con Dios todos los días. En muchos sentidos, esas son las partes más importantes de mi día. Y después que termino de leer la Biblia, llamo a mi esposa y me pongo al corriente de lo que sucedió en casa. Así que tenemos nuestro tiempo de calidad por teléfono.

TIEMPO DE CALIDAD
OTROS DIALECTOS

Cité cuatro ejemplos de los diferentes dialectos en el lenguaje del amor del tiempo de calidad, pero hay muchos más. Si tu lenguaje principal del amor es tiempo de calidad y de veras amas a Dios, encontrarás una manera de tener conversaciones de calidad con Él que se adapte a tu estilo de vida. La variedad de tiempo, lugar y método bien pueden mejorar tus expresiones de amor hacia Dios.

Por ejemplo, si una catedral o iglesia está cerca, es posible hacer arreglos para que tu tiempo de calidad con Dios sea en ese entorno.

Si eres una persona más de interiores, puedes intentar tener tiempo de calidad con Dios al aire libre, incluso en climas desafiantes. Hablar con Dios bajo la lluvia puede ser una experiencia gratificante si reconoces que Él es el Dios que envía la lluvia.

Si tu horario está lleno, saltar el almuerzo y utilizar el tiempo para estar a solas con Dios puede llenarte más que la mejor carne que hayas probado jamás. Encontrar un momento y un lugar puede resultar difícil en nuestro mundo vertiginoso, pero el corazón que anhela a Dios hará el tiempo para Él. Las personas con el lenguaje del amor de tiempo de calidad reflejan la actitud del salmista: «Como el ciervo anhela las corrientes de agua, así suspira por ti, oh Dios, el alma mía. Mi alma tiene sed de Dios, del Dios viviente; ¿cuándo vendré y me presentaré delante de Dios?»[3].

El intenso anhelo del corazón es lo que nos lleva a ser creativos para hablar con Dios durante los tiempos de calidad. Incluso, si el tiempo de calidad no es tu lenguaje principal del amor, algunas de estas historias te pueden inspirar y tomar la decisión de aprender este lenguaje al hablar uno de los varios dialectos... o que te surja uno propio.

REGALOS
PRIMER DIALECTO: DINERO

Expresarle el amor de uno a Dios a través de regalos no se limita al dinero. Sin embargo, los regalos monetarios son comunes y un punto de partida lógico como un dialecto del lenguaje del amor de dar regalos.

Una joven pareja que solo tenía seis meses de casada, una vez aceptó mi desafío de dar mil dólares para la ofrenda anual de nuestra iglesia para las misiones al final de un año. El plan que les sugerí era simple: tomar la decisión y luego dejar a un lado veinte dólares cada semana durante cincuenta semanas. Un año más tarde, la pareja visitó mi oficina con un sobre que contenía cincuenta billetes de veinte dólares; planeaban ponerlo en el plato de la ofrenda del próximo domingo. Estaban eufóricos por el gozo de dar a la obra de Dios en todo el mundo.

La esposa dijo: «Un par de veces consideramos usar parte de este dinero para necesidades personales, pero luego ambos sacudíamos la cabeza y decíamos: "No, ese es nuestro regalo para Dios. No nos atrevemos a usarlo para nosotros mismos"».

Una o dos semanas más tarde, visité a Jan y Mike, una pareja que conozco desde hace muchos años. Me habían invitado a hablar en su iglesia y todavía estaba entusiasmado con la ofrenda anual para las misiones de mi propia iglesia, en especial por el ejemplo de los recién casados. Luego de enterarse de la pareja más joven, Mike se ofreció a contarme su historia y la de Jan.

—A Jan y a mí nos enseñaron a dar el diez por ciento de nuestros ingresos a Dios, así que eso es lo que acordamos hacer como pareja. Al final de nuestro primer año de matrimonio, le dije: "Ya sabes, el pueblo del Antiguo Testamento daba una décima parte de sus ingresos, pero nosotros tenemos la bendición con el regalo de la vida eterna por medio de Jesús y tenemos al Espíritu Santo que nos da el poder para dar más en realidad". Le pregunté a Jan qué pensaría acerca de aumentar lo que damos al once por ciento, en lugar del diez por ciento. Ella estuvo de acuerdo, y al final del año nos quedaba más dinero de lo que teníamos el año anterior. Puesto que Dios nos había bendecido tanto, decidimos aumentar nuestras donaciones al doce por ciento. Esto se convirtió en un modelo de vida. Cada año nos quedaba más que el año anterior, así que cada año elevábamos la cantidad en un uno por ciento.

—¿Cuánto tiempo han estado casados? —le pregunté.

—Cuarenta y nueve años —me respondió con una sonrisa.

No pasó mucho tiempo para hacer los cálculos y darme cuenta de que él y su esposa ahora le están dando a Dios el cincuenta y ocho por ciento de sus ingresos. Puedo decir que sus donaciones eran una fuente de nada más que puro gozo para los dos.

REGALOS
SEGUNDO DIALECTO: SUPLIR
LAS NECESIDADES DE OTROS

No obstante, en lugar de dejar de lado el dinero, algunas personas con el lenguaje del amor de los regalos prefieren mantenerse en sintonía con las necesidades inmediatas de los que les rodean. Jesús sugirió que un vaso de agua fría dado a una persona sedienta es una expresión de amor a Dios que no pasará inadvertida para el Padre[4].

El amor a Dios se expresa a menudo mediante el cumplimiento de las necesidades físicas de otras personas: comida, bebida, ropa y techo. Nada deleita más a algunos dadores que ser el canal para satisfacer las necesidades físicas de los demás. Cuando la tropa local de Niños Exploradores hace su petición anual de alimentos para los necesitados, esas personas se encuentran entre los primeros en responder. Cuando una estación de radio local pide contribuciones para ayudar a los que viven en zonas inundadas, son los primeros en responder con ropa y otros artículos.

Sin embargo, tengo un amigo cuyo lenguaje principal del amor es dar regalos, pero rara vez responde a ese tipo de peticiones. Es un inversor que da con regularidad sus acciones más rentables a organizaciones cristianas, y nada lo hace más feliz. Logra evitar el pago de impuestos sobre las ganancias de capital debido a las acciones que dona, y al mismo tiempo beneficia los esfuerzos cristianos en todo el mundo. Se deleita mucho en dar regalos con este doble sentido.

REGALOS
TERCER DIALECTO: DAR ALIENTO

Otro dialecto de dar regalos no requiere dinero ni riqueza en absoluto, pero aun así habla de manera profunda de su amor a Dios. Es el don de palabras de aliento.

Jim vive en un pequeño pueblo con una fábrica textil en una casa de más de setenta años y con necesidad de reparación. Él es un seguidor de Jesús exuberante con las arcas vacías, pero con un corazón lleno y el deseo de darles a los demás.

«Perdí los primeros cincuenta años de mi vida», dijo. «Permití que me controlaran el alcohol y las drogas. Entonces, una noche, en una misión de rescate, le entregué mi vida a Cristo, y los líderes de la misión me invitaron a vivir en una granja que operaban. Durante el año que pasé en la granja me di cuenta de que el alcohol y las drogas no tenían que controlarme, sino que el Espíritu de Dios quería hacer algo bueno de mi vida.

»Los últimos quince años de mi vida han sido los mejores. He tenido un trabajo estable. Voy a comprar mi propia casa, y lo mejor de todo, tengo una familia de amigos en mi iglesia que me ama. No tengo grandes sumas de dinero para darle a la iglesia, pero mis amigos me dicen que no importa. Lo que importa es dar palabras de aliento. Pienso en los versículos de la Escritura que me ayudaron a cambiar mi vida, los escribo en tarjetas y se las entrego a las personas cuando siento que es apropiado. Mucha gente me ha dicho lo mucho que los versículos han significado para ellos. También oro con la gente. La oración es una gran manera de animar a los demás».

Jim le está expresando su amor a Dios dando regalos, y él no tiene que gastar un centavo para hacerlo.

REGALOS
OTROS DIALECTOS

Tengo otro amigo que da con regularidad a su iglesia, pero lo que de veras lo emociona es dando a un proyecto en particular. Por ejemplo, cuando Joni Eareckson Tada de «Ruedas para el Mundo» llamó su atención, él respondió regalando quince sillas de ruedas, y ese es solo uno de los muchos proyectos a los que ha dado a través de los años. Para él, contemplar un regalo específico para un propósito específico hace que regalar sea una mayor expresión de su amor a Dios. Habla un dialecto de los regalos con el que muchas personas se pueden identificar.

Permíteme sugerirte que si los regalos es tu lenguaje principal del amor, considera aprender nuevos dialectos de dar. Amplía tu horizonte al dar de diferentes maneras. Para quienes suelen dar dinero, consideren los alimentos. Para quienes dan con regularidad artículos tangibles, consideren regalos no materiales, tales como palabras de aliento. Con un poco de creatividad, puedes ampliar tu lenguaje principal del amor y aprender nuevos dialectos que mejorarán tus expresiones de amor hacia Dios. Por otro lado, si regalar siempre ha sido difícil para ti, considera probar cualquiera de los dialectos anteriores en un esfuerzo por aprender el lenguaje del amor de los regalos.

ACTOS DE SERVICIO
PRIMER DIALECTO: USAR LA JUBILACIÓN PARA DIOS

Las personas cuyo lenguaje principal del amor es el de actos de servicio utilizan cualquier tipo de habilidades que tengan para hacer el trabajo de Dios. Siguen el ejemplo de su líder, Jesús, de quien se dijo: «Anduvo haciendo el bien»[5]. No todos son hábiles desde el punto de vista técnico, pero reciben una gran satisfacción por ayudar a los demás al rastrillar hojas, limpiar canalones, palear nieve, entregar comidas y otras maneras ilimitadas. Se acercan a servir a los demás como una expresión de su amor a Dios.

Carl se jubiló hace veinte años de su trabajo como ingeniero eléctrico. Desde entonces, ha construido literas para un campamento juvenil en Honduras, un nuevo comedor y una cocina para un seminario en Filipinas, y tres nuevas casas para misioneros en África Occidental. También ha remodelado dormitorios y cocinas en un campamento juvenil en Perú, ayudó a construir vitrinas para una librería en Honduras y ayudó a construir un campamento base para los misioneros voluntarios internacionales en Albania.

¿Por qué un ingeniero «jubilado» trabaja todavía? Debido a que Carl ama a Dios y su lenguaje principal del amor es actos de servicio. Además de su trabajo en otros países, dedicó un año para supervisar la construcción de un santuario para una nueva iglesia en Georgia, y otro año más para hacer lo mismo para una iglesia en Carolina del Norte. Construyó estanterías para el pastor de una pequeña iglesia en Nueva Jersey, ayudó a remodelar las aulas de una academia en Tennessee y enseña una clase de Biblia en su propia iglesia cuando no está en viajes misioneros.

Carl solo se lamenta por una cosa: «Siento que no me jubilara antes, así podría haber hecho más».

ACTOS DE SERVICIO
SEGUNDO DIALECTO: PREPARAR COMIDAS

Desde que conozco a Marie, raras veces su cocina ha estado fría. Su cocina es su lugar de adoración cuando le demuestra su amor a Dios mediante la preparación de alimentos para otros. Cuando su esposo se aparece a mi puerta con una comida de Marie, me acuerdo de su devoción por Dios. Cuando estoy fuera de la ciudad en los compromisos de conferencias, mi mujer tiene una invitación abierta a fin de detenerse en la casa de Marie para tomar té de menta, confraternizar y disfrutar de cualquiera de las delicias que salen de su horno ese día. Hace poco, Marie le proveyó una comida a todo su grupo de compañerismo bíblico: cuarenta y seis personas.

Para Marie, esos proyectos de dar de comer no son una carga. Son su deleite. Es su manera de amar a Dios.

ACTOS DE SERVICIO
TERCER DIALECTO: CONSTRUIR

Mi amigo Mark nunca ha preparado una comida en su vida, pero habla el lenguaje del amor de los actos de servicio con tanta fluidez como Marie. Mark trabaja para la industria aérea, pero cada temporada de Navidad y Semana Santa lo encontrarás en lo alto de un andamio en el ático del coro de su iglesia construyendo para las presentaciones de los días de celebración. Durante dos semanas supervisa a los voluntarios y los convierte en profesionales de la construcción. Sus escenarios terminados pueden competir con los de Broadway. A él no lo motiva el dinero ni los elogios de otros. Prefiere permanecer en el fondo y expresar su amor a Dios mediante la construcción de escenarios. Sin embargo, miles de personas son bendecidas en Navidad y Semana Santa porque Mark habla el lenguaje del amor llamado actos de servicio.

Cuando se trata de constructores, tal vez ninguno sea más prolífico que Millard Fuller, fundador de Hábitat para la Humanidad. Es un hombre alto y delgado, con el entusiasmo de un entrenador de fútbol ganador. La primera vez que lo vi, estaba entre un grupo de voluntarios que sentimos que estábamos a punto de embarcarnos en la aventura más grande de nuestra vida. Una semana más tarde, cuando la casa estaba terminada por completo, nos reunimos para la entrega y presentación de la casa a su nuevo propietario.

Como Millard hizo la presentación, les entregó a los propietarios una Biblia junto con las llaves de la casa. Leyó la inscripción para que todos la escucharan: «Jesús hizo muchas otras señales milagrosas en presencia de sus discípulos, las cuales no están registradas en este libro. Pero éstas se han escrito para que ustedes crean que Jesús es el Cristo, el Hijo de Dios, y para que al creer en su nombre tengan vida»[6]. Explicó que su motivación para la fundación de Hábitat para la Humanidad fue la de mostrar el amor de Dios, y su oración era que todas las personas llegaran a conocer a Jesucristo de una manera personal. Yo sabía que no era solo por hacer el bien social. Era un hombre profundamente enamorado de Dios. Hábitat para la Humanidad fue un dialecto distinto para hablar su lenguaje del amor.

ACTOS DE SERVICIO
OTROS DIALECTOS

En esencia, los dialectos de los actos de servicio son infinitos. Todavía pienso en James, uno de los diáconos mientras yo era pastor de una pequeña iglesia en Carolina del Norte hace más de cuarenta años. Era electricista de profesión, pero también era un fontanero calificado. Un día, me llevó a un lado y me dijo: «Ahora bien, pastor, cuando su casa o la iglesia necesite toda la plomería o electricidad, no llame a un fontanero ni a un electricista; llámeme a mí. No puedo hacer mucho por el Señor, pero puedo hacer la fontanería y la electricidad. Esa es mi manera de darle gracias a Dios por todo lo que ha hecho por mí. ¿Me oye?». Lo escuché, y cada vez que necesitaba la ayuda de James era un gozo observarlo demostrar su amor a Dios.

Hace poco, mientras estaba en el supermercado, me encontré con una madre y sus tres hijos de ocho, diez y doce años de edad. Varios años antes, la aconsejé a ella y a su esposo, así que sabía que su lenguaje principal del amor era actos de servicio. Cuando le pregunté: «¿Qué están haciendo tú y tus hijos este verano?». Me respondió: «Un día a la semana vamos todos al comedor de beneficencia local y ayudamos a servir el almuerzo y la limpieza posterior. A los niños les encanta». Fue alentador (pero no sorprendente) ver la expresión de su amor a Dios de esa manera. También fue alentador ver que ella les estaba enseñando a sus hijos a hablar este lenguaje del amor. Casi todas las madres que encuentro en el verano están llevando a sus hijos a nadar en la piscina o a un evento deportivo. Cuán estimulante es ver a una madre que les enseña a sus hijos a amar a Dios amando a los demás.

Si tu lenguaje principal del amor no es el de los actos de servicio, déjame animarte a que encuentres un proyecto sencillo y amplíes tu vocabulario para aprender a amar a Dios sirviendo a los demás. Y si *es* tu lenguaje principal del amor, mi reto para ti es que aprendas nuevos dialectos y mejores tu relación de amor con Dios. Ten en cuenta los muchos programas valiosos como

Comidas sobre Ruedas (que consiste en llevarles comidas a los ancianos y enfermos). O tratar de ser ayudante de un profesor, ir en un viaje misionero o ser voluntario en tu iglesia local o en un hospital. Tus posibilidades solo las limitan tu disposición a explorar.

TOQUE FÍSICO
PRIMER DIALECTO: TOCAR A LOS «INTOCABLES»

Cada sociedad tiene un segmento de personas *intocables*. En la Palestina del siglo primero, eran los leprosos y las prostitutas. Los leprosos vivían separados del resto de la población, y cuando otra persona se les acercaba, se veían obligados a gritar en voz alta: «¡Inmundo! ¡Inmundo!». Las prostitutas eran tan aborrecidas que los líderes religiosos llegaron a la conclusión de que Jesús no podía ser un profeta y permitir que una mujer así, «llorando, [se arrojara] a los pies de Jesús, de manera que se los bañaba en lágrimas. Luego se los [secaba] con los cabellos; también se los besaba y se los ungía con el perfume»[7].

En la sociedad occidental también tenemos nuestros intocables. Por nuestro comportamiento, demostramos que se deben evitar a ciertas personas. Las categorías son diferentes de un individuo a otro, pero incluyen personas con sida, «gente de la calle», delincuentes sexuales, mentalmente incapacitadas, con físicos desagradables y de sectas religiosas. Sin embargo, el amor de Dios atraviesa todas estas barreras. Quienes lo aman de veras serán sus agentes para tocar a los intocables.

Mi amigo Joe Stowell, presidente de la Universidad Cornerstone, me habló de Lisa. A los diecisiete años de edad, se fue a Los Ángeles en un viaje misionero a corto plazo donde experimentó una carga por las prostitutas. Al sentir el llamado de Dios en su vida para ayudar a esas mujeres, de quienes la mayor parte de la sociedad prefiere no pensar al respecto, se inscribió en el Instituto Bíblico Moody en Chicago, donde Joe era entonces presidente, y se especializó en ministerios urbanos. Después de su graduación, comenzó a buscar una organización que atendiera a las prostitutas, pero no existía tal ministerio. Así que Lisa comenzó *Salvage House*. Todos los días, desde las nueve de la noche hasta la una de la mañana, ella y una compañera del equipo caminaban por las calles de Chicago en busca de prostitutas dispuestas a un cambio positivo en sus vidas. (Dos hombres del equipo las acompañaban por protección). El enfoque de Lisa era simple: entablar relaciones y proporcionar un lugar donde las mujeres pudieran encontrar seguridad física y la dirección espiritual (si se deseaba). En *Salvage House* de Lisa, las mujeres para quienes el toque físico fue un medio de explotación descubrieron el afectuoso abrazo de unos brazos amorosos de verdad. Desde hace varios años, el toque bondadoso de Lisa y sus compañeros de equipo ha ayudado a muchas mujeres a experimentar el amor de Dios.

Tendemos a subestimar la importancia del toque... en especial a quienes no lo reciben con regularidad. Yo estaba hablando con un amigo de antaño, a quien no había visto desde hacía algún tiempo, y le pregunté qué estaba haciendo durante el verano. Me dijo: «Bobby [su hijo] y yo hemos estado yendo a la misión de rescate todos los lunes por la noche. Les estrechamos la mano a todos los hombres a medida que entran en la misión; les damos palmaditas en la espalda y los abrazamos; nos arrodillamos y les ponemos nuestros brazos en los hombros de los que vienen a la oración al final del servicio. Algunos de mis amigos dicen que no pueden creer que estemos haciendo esto, pero para Bobby y para mí es la parte más emocionante de nuestro verano. Sé que la mayoría de esos hombres no reciben muchos apretones de manos, abrazos, ni palmaditas en la espalda. Siento que estamos siendo los representantes de Dios para mostrarles su amor a ellos».

A menudo, el miedo a la enfermedad es lo que le impide a la gente tocar a los intocables. Le pregunté al padre de Bobby acerca de sus preocupaciones por su salud física. Me dijo: «Tratamos de tomar las precauciones normales. Nos lavamos las manos antes de ir a la misión de rescate. Tenemos cuidado de no ponerles las manos cerca de la nariz ni la boca. Nos lavamos la ropa y nos duchamos en cuanto llegamos a casa. Hasta ahora no hemos tenido ningún problema».

Con demasiada frecuencia he oído: «No quiero estar cerca de los enfermos de sida. Temo contagiarme». El aprendizaje y siguiendo buenos hábitos de salud es de suma importancia, en especial para los que trabajan entre las personas que tienen enfermedades contagiosas. No estoy sugiriendo que en nuestros esfuerzos por amar a los demás minimicemos los peligros potenciales. Sin embargo, nadie contrae el sida por darle un abrazo a alguien con la enfermedad. Y nunca debemos permitir que el temor infundado nos impida expresar el amor a Dios al tener contacto físico, con su pueblo que vive al margen de la sociedad.

TOQUE FÍSICO
SEGUNDO DIALECTO: MINISTRAR EN UN ENTORNO INSTITUCIONAL

María y su hija de trece años de edad hablan el lenguaje del toque físico. Una vez a la semana van a un complejo de vivienda asistida para los adultos de edad avanzada. Cuando les pregunté qué hacían allí, ella me dijo: «La mayoría de las veces, solo los amamos». Le insistí para que me diera más detalles, y continuó: «Creo que una de las cosas más importantes que hacemos es tocar a esas personas. Es sorprendente cómo muchas de ellas extienden su mano cuando pasamos por su lado. Están ansiosos por un apretón de manos. Cuando estamos listas para salir de la habitación después de nuestra visita, los que pueden ponerse de pie lo hacen y muchas veces se nos acercan para darnos un abrazo. Por supuesto, ya sea que se acerquen o no, los abrazo. Ya me conoces; soy dada a los abrazos». Para María, el abrazo es una forma de expresar amor.

Las personas que viven en instituciones como hogares de ancianos, prisiones y hospitales de estancia prolongada a menudo se ven privadas del toque amoroso y físico. Algunos no tienen familiares que los visiten, y quienes quizá tengan parientes, no son «tocadores». Por consiguiente, están muy dispuestos a recibir a cualquier persona que le exprese amor a través del toque físico. María lo confirmó: «Nunca he tenido a nadie que se aparte de mí ni que rechace mi abrazo. Me da la sensación de que esperan nuestra llegada porque saben que van a recibir un abrazo».

TOQUE FÍSICO
OTROS DIALECTOS

Mientras que María y su hija encontraron el valor de los abrazos en un entorno institucional, el poder de un abrazo se puede apreciar en casi cualquier medio, aunque existen excepciones. Una noche, Karolyn y yo estábamos cenando con nuestros amigos King Brown y su esposa, Frances. King tenía ochenta y dos años de edad y todavía usaba la misma placa que le vi llevar durante treinta años. Dice: «Abrazar es un deporte de contacto».

A mitad de nuestra conversación en la cena, una persona que Karolyn y yo conocemos hace mucho tiempo, se acercó para saludar. Procedí a presentarle a King y Frances, momento en el cual King se levantó y se acercó para abrazarla. Su respuesta fue inmediata e inesperada. Dio un paso atrás y dijo: «Al único hombre que le permito que me abrace es a mi esposo».

Era evidente que King estaba sorprendido, pero se sentó y dijo: «Puedo apreciar eso». Mi amigo procedió a explicar el argumento de la mujer, y aceptó de nuevo la opinión de ella. Sin embargo, cuando se fue, King nos dijo: «En más de sesenta años de abrazos, ella es la segunda persona que se ha negado a un abrazo. Creo que dos en sesenta años no es tan malo».

Nunca he conocido a nadie que hable el lenguaje de amor del toque físico con más fluidez que King. Al salir del restaurante, me animé al ver la forma en que ayudaba a Frances a ponerse el abrigo, le dio unas palmaditas en la espalda, y la tomó de la mano mientras caminaban hacia el auto. Después de cinco hijos y cincuenta años de matrimonio, todavía expresa su amor por el toque afectuoso.

Su principal dialecto del toque físico es abrazar a la gente. Joven o viejo, hombre o mujer, casado o soltero, abrazará a cualquier persona que se encuentre con él. King me dijo una vez: «Te sorprenderías de cuántas personas me dicen que mi abrazo es el primero que han tenido en un mes. No creo que la gente se dé cuenta de lo poderoso que es dar un abrazo». Y si alguien entabla una conversación con él, en menos de cinco minutos le estará hablando de Dios. Desde que lo conozco, King ha estado enamorado de manera apasionada de Dios.

Cuando entendemos que las personas están hechas a imagen de Dios, que Él las ama con intensidad y que somos sus representantes en la tierra, el toque físico se convierte en más que un comportamiento social. Se convierte en una expresión significativa del amor de Dios.

Jim también combina el toque físico con la atención espiritual de los demás. Siente que orar por las personas es la cosa más poderosa que alguien puede hacer. Si le hacen una petición de oración, no lo escribe en una hoja de papel para orar más adelante. Dice: «Oremos por eso ahora». Y cuando ora por alguien, siempre establece contacto físico con la persona, tal vez le extienda una mano o le coloque su mano sobre el hombro del otro.

Sus oraciones son sencillas, pero intensas. Cuando termina de orar, casi siempre le da a la persona una palmadita en la espalda y un abrazo. Un hombre me dijo: «Cuando Jim pone su brazo sobre mi hombro y ora por mí, siento que Dios pone su brazo en mi hombro y escucha con atención lo que dice Jim». Para algunas personas, el toque físico de Jim es el toque de Dios.

Antes de abandonar el tema del toque físico, hay que señalar que algunas personas se han vuelto recelosas de este lenguaje del amor porque el toque se ha utilizado mal en la cultura contemporánea, a menudo hasta el punto de aprovecharse de la otra persona. Me veo obligado a aclarar que las verdaderas expresiones de amor a través del toque físico deben ser siempre en beneficio de la persona tocada. Tan pronto como se convierte en el motivo para manipular o satisfacer los propios deseos sensuales, el toque físico deja de ser una expresión de amor, y mucho menos del amor de Dios. Sin embargo, quienes tienen intenciones puras no deben permitir que el miedo a que les malinterpreten les impidan hablar el auténtico lenguaje de amor del toque físico.

Un amigo mío acaba de regresar de Kenia y describe una conversación con una mujer cuyo esposo se había convertido en cristiano. Él le preguntó: «¿Cuál es el mayor cambio que notó cuando su esposo se convirtió en un seguidor de Jesús?». Ella respondió sin vacilar: «Dejó de golpearme». Los verdaderos seguidores de Jesús nunca usarán el toque físico como un medio de dañar a otros, sino que lo verán como un medio para expresar el amor de Dios.

El propósito de este capítulo es animarte a mejorar tu relación de amor con Dios mediante el uso de nuevos dialectos de tu lenguaje principal del amor. Y tal vez te sientas inspirado para explorar la posibilidad de aprender a hablarle a Dios con un segundo o tercer lenguaje del amor. Tengo la esperanza de que al hablar nuevos lenguajes y dialectos, tu relación de amor con Dios va a seguir creciendo y a estar siempre llena de vida.

PREGUNTAS PARA REFLEXIÓN O DISCUSIÓN

(1) Ten en cuenta tus inclinaciones naturales, experiencias y preferencias, enumera los cinco lenguajes del amor en un orden aproximado. Comienza con tu lenguaje principal del amor y termina con el que menos te identifiques.

Palabras de afirmación

Tiempo de calidad

Regalos

Actos de servicio

Toque físico

(2) Para cada uno de los lenguajes del amor, determina al menos un dialecto que estarías dispuesto a hablar si llegara la oportunidad de utilizar esa acción como una expresión de amor a Dios.

Palabras de afirmación:

Tiempo de calidad:

Regalos:

Actos de servicio:

Toque físico:

(3) ¿Qué oportunidades podrías tener esta semana para hacer algunas de las cosas que enumeraste? Si no puedes pensar en alguna de tales oportunidades, pídele a Dios que te dirija a las personas que se beneficiarán de recibir tu amor a través del ejercicio de tu lenguaje, o lenguajes, del amor.

Capítulo **9** *nueve*

Los LENGUAJES
del AMOR *y la*
DISCIPLINA *de* DIOS

El verdadero amor incluye la disciplina. Con el verdadero amor viene el deseo de corregir el comportamiento errático de las personas cercanas a nosotros. Cuando el psiquiatra Ross Campbell y yo escribimos *Los cinco lenguajes del amor de los niños*, se incluyó un capítulo sobre el amor y la disciplina, señalando que los padres amorosos de verdad necesitarán proporcionar la disciplina para el niño. Ayudar a los niños a aprender a funcionar dentro de los parámetros es una parte esencial de su preparación para vivir como ciudadanos responsables en un mundo de adultos.

Ross y yo hicimos dos observaciones clave. En primer lugar, es más probable que un niño se rebele en contra de la disciplina cuando su tanque de amor emocional está vacío. Animamos a los padres a que hablen el principal lenguaje del amor del niño antes y después de cualquier acción disciplinaria. En segundo lugar, observamos que el niño es más sensible al método de la disciplina que se relaciona con su lenguaje principal del amor. Si, por ejemplo, el lenguaje principal del niño es palabras de afirmación, las palabras que sacan a relucir el comportamiento inadecuado del niño se sentirán muy fuertes. Mientras que un niño experimenta tal disciplina, puede sentirse distanciado de los padres y hasta concluir que sus padres no lo aman[1].

La dificultad del niño para comprender la disciplina de los padres a menudo se convierte en la lucha de los adultos para la debida comprensión de la disciplina de Dios. Los mismos dos principios parecen válidos. *En primer lugar, somos más propensos a rebelarnos en contra de la disciplina de Dios cuando los tanques espirituales del amor están vacíos.* Si no sentimos el amor de Dios, su disciplina puede parecer dura en exceso. En segundo lugar, *cuando el método de la disciplina de Dios se relaciona de forma directa con nuestro lenguaje principal del amor, nos llama la atención en el nivel más profundo posible.*

LA DISCIPLINA AMOROSA DE DIOS

Muchas personas tienen una definición limitada, si no errónea por completo, de la «disciplina». Algunos equiparan la palabra con el castigo. Sin embargo, cuando me refiero a la disciplina a lo largo de este capítulo, sobre todo a la disciplina de Dios, no me refiero necesariamente al castigo por mal comportamiento. De la misma manera que podemos optar por disciplinarnos por no comer durante una dieta, o disciplinarnos a través de un régimen de ejercicios para estar en mejor forma, a veces los padres disciplinan a sus hijos con el objetivo de hacerlos más fuertes o más equilibrados. Y muchas veces Dios disciplina a sus hijos, siempre con amor, a fin de que sean las personas para las que creó que fueran, de este modo hace que sus vidas sean más completas y satisfactorias.

Una de las razones por las que la disciplina se asocia con tanta frecuencia con el castigo se debe a que olvidamos muy pronto hacer cumplir voluntariamente la disciplina. Los padres quizá no vean la necesidad de disciplinar a sus hijos hasta que estos se distancian de los padres y caen en el peligro de hacerse daño a sí mismos o a otros. Del mismo modo, mientras los adultos más se apartan en su andar de Dios, menos probable es que sientan su amor. Se desarrolla un sentido de «distanciamiento». No obstante, cuando Dios se les acerca para disciplinarlos con amor, a menudo interpretan sus métodos como severos.

Tal vez acusemos a Dios de ser injusto, pero la realidad es que nuestra separación de Él crea la «distancia». Cuando permanecemos en comunión íntima con Dios, es mucho más probable que su disciplina se interprete como un acto de amor en lugar de juicio.

Puesto que por naturaleza somos más sensibles a la disciplina que se relaciona de forma directa con nuestro lenguaje principal del amor, Dios elige a menudo ese lenguaje para llevarnos a un lugar de arrepentimiento y perdón. Cuando estamos en un camino destructivo y Dios de veras quiere llamar nuestra atención, muchas veces nos disciplina de acuerdo con nuestro lenguaje principal del amor. Por ejemplo, para las personas que responden mejor a las palabras de afirmación, los cielos guardan silencio. Los compañeros de trabajo comienzan a enviar mensajes de condena. Los cónyuges e hijos se vuelven críticos. Incluso, durante la lectura de la Biblia, estas personas se sienten atraídas por los pasajes que revelan el pecado y son conscientes de que esas porciones de las Escrituras son las palabras de Dios para ellas. Con los corazones vacíos, claman a Dios desesperadas y comienzan su viaje de regreso a casa.

Dios nos conoce mejor que nosotros mismos. Él sabe cómo conseguir nuestra atención. Su disciplina casi nunca es agradable, pero siempre tiene un propósito. El autor del libro del Nuevo Testamento de Hebreos aclara este asunto:

«Hijo mío, no tomes a la ligera la disciplina del Señor ni te desanimes cuando te reprenda, porque el Señor disciplina a los que ama, y azota a todo el que recibe como hijo».

Lo que soportan es para su disciplina, pues Dios los está tratando como a hijos. ¿Qué hijo hay a quien el padre no disciplina? [...] Nuestros padres nos disciplinaban por un breve tiempo, como mejor les parecía; pero Dios lo hace para nuestro bien, a fin de que participemos de su santidad. Ciertamente, ninguna disciplina, en el momento de recibirla, parece agradable, sino más bien penosa; sin embargo, después produce una cosecha de justicia y paz para quienes han sido entrenados por ella².

El principio general es claro. Dios siempre nos disciplina para nuestro bien. A nivel humano, los padres disciplinan a los hijos de acuerdo con lo que creen que es para el bien del hijo. Sin embargo, los padres no son perfectos y a veces cometen errores. Dios, por el contrario, es santo y perfecto. Su disciplina es siempre para nuestro bien supremo. Su disciplina rara vez es agradable y a veces es dolorosa en extremo, pero su propósito es guiarnos de nuevo al camino de justicia y paz.

Estas dos palabras, *justicia* y *paz*, nunca deben separarse. La paz, que literalmente significa «ser uno con», es una necesidad sincera. Casi todos nosotros anhelamos «paz interior», la eliminación de toda ansiedad. Queremos que nuestros pensamientos, emociones, deseos y acciones se relacionen entre sí con armonía.

También deseamos paz en nuestras relaciones humanas. Así que muchas personas me han dicho a través de los años: «Daría todo lo que tengo solo por tener armonía con mi esposo», o en algunos casos: «con mis hijos». En una escala más amplia, muchas de las religiones del mundo tienen como motivo central la idea de la paz: estar en armonía con el universo. Sin embargo, por mucho que la gente pueda desear que todas sus relaciones sean pacíficas, desde lo individual hasta lo internacional, tal cosa es un sueño que sigue siendo difícil de alcanzar.

La realidad es que no puede haber paz en ningún nivel de la existencia humana si no vivimos de acuerdo con el diseño del Creador. La Escritura nos llama a vivir de manera justa al elegir el buen camino y obedecer las reglas de Dios, porque creemos que las diseñó para nuestro bienestar. Cuando caminamos en justicia, experimentamos la paz. Este siempre es el deseo de Dios para nosotros, y su disciplina es con el propósito de movernos hacia este ideal superior. Tal conciencia no elimina el dolor de la disciplina, pero sí nos recuerda que la disciplina es un acto de amor de Dios.

CUANDO DIOS DISCIPLINA
EN NUESTRO LENGUAJE DEL AMOR

Palabras de afirmación

Brad siempre ha prosperado en las palabras de afirmación. En su primer año del instituto, se unió a una banda de *rock* como guitarrista, y se sintió aceptado y aprobado por los miembros de la banda. La banda tocaba en algunas fiestas de cumpleaños, y los padres de Brad le decían con regularidad palabras de afirmación acerca de sus habilidades musicales. Sin embargo, cuando la banda intentó montar un demo, nunca lograron tener éxito y se disolvió durante el comienzo del tercer año de Brad.

Brad pasó a otras actividades, pero en la universidad decidió especializarse en educación musical. A pesar de que sus padres lo siguieron afirmando, no recibía mucho apoyo de sus maestros. Su carrera musical fracasó. Con el tiempo cambió su especialidad para la de negocios, y sus calificaciones mejoraron en gran medida.

Brad nunca había pensado mucho en Dios ni en los asuntos espirituales hasta después de la graduación cuando se aseguró un trabajo con una pequeña empresa que poseían y dirigían cristianos apasionados. Cada mañana la empezaban en oración. La empresa estaba impregnada con el espíritu de entusiasmo y aliento, y estos complementaban el trabajo de Brad. Además, durante los primeros seis meses de trabajo escuchó más acerca de Dios de lo que había escuchado en toda su vida, y empezó a leer la Biblia.

Leyendo a través del libro de Juan, a Brad le atrajo la descripción del propio Jesús como «el buen pastor [que] da su vida por las ovejas»[3]. También respondió a la declaración de Jesús de: «Yo soy la resurrección y la vida. El que cree en mí vivirá, aunque muera»[4]. Para cuando Brad se acercaba al final de Juan, un párrafo captó su atención: «Jesús hizo muchas otras señales milagrosas en presencia de sus discípulos, las cuales no están registradas en este libro. Pero éstas se han escrito para que ustedes crean que Jesús es el Cristo, el Hijo de Dios, y para que al creer en su nombre tengan vida»[5].

Brad dijo: «Algo muy dentro de mí respondió y dije en voz alta: "Creo". En ese momento, mi vida cambió para siempre». Brad estableció la conexión con Dios. Los siguientes seis meses fueron una tremenda aventura mientras Brad se saturaba con las enseñanzas de la Escritura. Decidió asistir a la iglesia de su empleador, donde se inscribió de inmediato en una clase para los nuevos cristianos. Pronto comenzó a aprender a compartir su vida con Dios.

La parte del servicio de adoración que más disfrutaba Brad era la música. Cantaba letras que no había cantado nunca antes, y ellas expresaban los verdaderos sentimientos de su corazón. Debido a que su lenguaje principal del amor era el de palabras de afirmación, era natural que quisiera unirse al coro. Sin embargo, en el primer ensayo, descubrió que no tenía el don de cantar. Cuando el director musical se dio cuenta de que Brad estaba fuera de tono y de ritmo, se tomó el tiempo para tratar de ayudarlo, pero fue en vano. El director era amable, pero sincero cuando le sugirió a Brad que tenía que encontrar otro campo del ministerio.

La respuesta de Brad fue típica: «Esta fue la experiencia más devastadora que había tenido desde que me convertí en cristiano. Al principio, pensé que el ministro de música estaba desafinado. ¿No estuve yo en una banda de *rock* en el instituto? ¿No hice mi principal especialidad en música en la universidad? Entonces, un par de amigos me confirmó después su diagnóstico, y llegué a aceptar mis limitaciones musicales. Creo que la razón por la que me sentí tan mal fue porque vi el canto como una forma de expresar la alabanza a Dios. Estaba bien, pero debía haber cantado en privado en vez de distraer a mis fieles compañeros cantando fuera de tono».

La buena noticia es que Brad se transformó en un exitoso hombre de negocios. También encontró una salida para su lenguaje del amor, palabras de afirmación, al convertirse en un dinámico maestro de la Biblia en su iglesia. Durante los últimos veinte años, sus clases han tenido muy buena asistencia. La gente lleva a sus amigos y nunca se han decepcionado. Las clases de Brad son creativas, animadas y reveladoras.

Las palabras de afirmación siguieron siendo su lenguaje principal del amor, y expresa su amor a Dios mediante la enseñanza de la verdad de la Escritura a cientos de personas cada año. No obstante, aceptó la disciplina amorosa de las dolorosas palabras de un ministro de música (y en última instancia de Dios) para guiar a Brad en una buena y gratificante dirección.

Todas las personas que tienen el lenguaje principal del amor de las palabras de afirmación encontrarán muy dolorosas las palabras de crítica o correctivas. En cambio, si procuran con persistencia escuchar la voz de Dios, pueden descubrir que tales palabras son las expresiones más claras de su amor. Una vez que Dios los guía hacia donde tienen que estar, van a escuchar de nuevo palabras de afirmación de esos a los que ministra.

Tiempo de calidad

El lenguaje principal del amor de Megan es tiempo de calidad. La conocí cuando era una estudiante que se especializaba en estudios religiosos. Tenía una profunda pasión por Dios y pasaba horas en contemplación, meditación y oración. Las conversaciones con ella siempre eran estimulantes, y sus compañeros de estudio la veían como una guía espiritual. Después de graduarse, pasó dos años trabajando con una organización misionera en América del Sur. Más tarde, regresó y completó una maestría en consejería.

Hacia la mitad de su programa, comenzó a salir con un joven que se enorgullecía de ser agnóstico. Estaba convencido de que nadie podía estar seguro de la existencia de Dios. Cuando Megan me contó la historia, ya habían pasado seis años.

«Me enamoré de él, y antes de darme cuenta, yo también dudaba de la existencia de Dios. Dejé de tener mis tiempos devocionales diarios, y empecé a asistir a reuniones en las que mi novio y otros planteaban un acercamiento intelectual a la vida sin la creencia en Dios. Al principio, pensé que podría ser una influencia positiva sobre él y sus amigos, pero a medida que pasaba el tiempo me daba cuenta de que ellos estaban influyendo en mí. Me di cuenta de que pasaba más tiempo leyendo los libros que me recomendaban que el que pasaba leyendo la Escritura.

»Tenía una creciente sensación de vacío y por fin me di cuenta de que estaba viviendo solo para estar con mi novio y que estar juntos era el centro de mi vida. Cuando me dejó por otra chica, me sentí devastada. En ese momento había terminado mi maestría en consejería, y me di cuenta de que estaba en una profunda depresión clínica. Trataba de orar, pero parecía que Dios no escuchaba.

»Empecé un tratamiento para la depresión y comencé a sentirme mejor en unos seis meses, pero todavía me sentía muy lejos de Dios. En mi corazón sabía que estaba allí, pero la depresión me había dejado con tantos recuerdos de soledad que me preguntaba si volvería a experimentar la presencia de Dios de nuevo. En ese tiempo, un amigo me invitó a un estudio bíblico en su casa. Fui porque quería estar cerca de los cristianos de nuevo».

Megan dijo que los próximos tres meses fueron «los más importantes de mi vida». Después de un largo período de no experimentar a Dios en su lenguaje principal del amor, anhelaba tiempo de calidad con Él. Sus sentimientos se hicieron eco de los escritos del salmista: «Cual ciervo jadeante en busca del agua, así te busca, oh Dios, todo mi ser. Tengo sed de Dios, del Dios de la vida. ¿Cuándo podré presentarme ante Dios?»[6].

Megan se llevó a casa el cuaderno del estudio bíblico y oró para empezar de nuevo como si apenas comenzara su relación con Dios. «Fue como volver a casa después de un largo viaje», me dijo. «Día a día, mientras estudiaba las Escrituras, redescubría el amor de Dios. Me di cuenta de que sin Él la vida era inútil. El punto culminante de mi día era el tiempo que pasaba leyendo las Escrituras y hablaba con Dios. Durante dos años he seguido reuniéndome con mi grupo de estudio todas las semanas. Ahora tengo un trabajo como consejera a tiempo completo, y nunca he sido más feliz en mi vida».

Han pasado veinte años desde esa conversación con Megan. Hoy es una de los mejores consejeros que conozco, y una de sus especialidades es ayudar a la gente a entender la depresión y el proceso. Se casó y dio a luz a dos niños, lo que limita su consejería a dos días a la semana, pero su pasión por Dios nunca ha vacilado. Al reflexionar sobre su experiencia, dijo: «La disciplina severa de la depresión fue el acontecimiento más importante en mi vida. Me estremezco al pensar lo que me habría sucedido si hubiera continuado en el camino por el que iba. La desesperación por la depresión fue lo que me trajo de vuelta a Dios. Por dolorosa que fuera, de veras le agradezco la experiencia».

Dios nos ama tanto que nos permitirá apartarnos de Él por un tiempo, si eso es lo que hace falta para crear un hambre renovada por su presencia. Las personas cuyo lenguaje principal del amor es tiempo de calidad, muchas veces sienten la disciplina de Dios en esta clase de situaciones.

Regalos

Recuerdo a un hombre que dejó a su esposa por andar tras una relación con otra mujer. Al cabo de unos meses, llegó a mi oficina en busca de ayuda. Me contó cómo había orado y pedido a Dios que bendijera su nueva relación, pero en su lugar su vida se había convertido en desgraciada.

«Al principio, fue emocionante», dijo. «Por otra parte, me di cuenta de la cantidad de gente a la que le estaba haciendo daño. Una noche estaba orando de profundo dolor y diciéndole a Dios cuánto lo sentía. Entonces, le pedí su perdón. Era como si Dios me envolviera con sus brazos y me diera la bienvenida a casa. Más tarde, me di cuenta de que la angustia sufrida era un regalo de Dios. Él me amó lo suficiente como para no darme lo que pensé que quería».

Para las personas cuyo lenguaje principal del amor es el de los regalos, la oración contestada es una fuerte evidencia emocional del amor de Dios. En los primeros años de su peregrinación espiritual, quizá se sientan molestos y hasta enojados con Dios cuando no reciben por lo que oran. Cuando sus oraciones parecen quedar sin respuesta, se estremece su fe en Dios. En el momento en que se encuentran con la tragedia, piensan que Dios ha sido injusto. Tienden a luchar de manera más profunda con el sufrimiento y la oración sin respuesta que los otros creyentes. En cambio, a medida que maduran, llegan a ver incluso esas cosas de forma positiva.

Dándose cuenta de que solo los padres amorosos no siempre les conceden las peticiones a sus hijos, la negativa de Dios para darles a sus hijos todo lo que piden no es una retirada de su amor. A veces, lo que parece ser una tragedia, en realidad puede ser la más fuerte expresión del amor de Dios.

Actos de servicio

Las personas cuyo lenguaje principal del amor es el de actos de servicio expresan más a menudo su amor a Dios sirviendo a los demás en nombre de Jesús. Si se les priva de esa oportunidad, pueden experimentar una crisis de fe.

El padre de Robert era un retraído fabricante de equipos electrónicos que enseñó electrónica en la universidad de la comunidad local y pasaba su tiempo libre en su taller del sótano. En su niñez, Robert rara vez tenía la atención de su padre. Su madre se quejaba del estilo de vida de su esposo y pasaba gran parte de su tiempo deprimida. Ella era muy dominante y controlaba la vida de Robert. Durante su adolescencia, Robert comenzó a darse cuenta de que se sentía atraído sexualmente a los hombres jóvenes, y para cuando tenía dieciocho años, se vio involucrado en una relación homosexual.

Robert soñaba con la liberación que le proporcionaría la universidad. No veía la hora de alejarse de sus padres, disfrutar de su independencia y explorar su sexualidad. Sin embargo, a las seis semanas del primer semestre, Robert se encontraba muy solo y deprimido. Poco sabía que su vida estaba a punto de dar un giro radical.

Julia era una compañera de primer año con una personalidad llena de vitalidad. Era una cristiana activa y tenía una inclinación natural para ayudar a la gente. Julia invitó a Robert para que se le uniera en su compromiso con Comidas sobre Ruedas de cada semana, y él estuvo dispuesto para ayudar. Más tarde, lo reclutó para ayudar a construir una casa de Hábitat para la Humanidad, y en el otoño lo llevó a un proyecto para rastrillar hojas y limpiar canalones que patrocinaba su grupo de estudio bíblico. Antes que terminara el primer semestre, Robert asistía al grupo con regularidad, y en el segundo semestre estableció la conexión con Dios.

Como el mismo Robert dijo: «Julia me llevó poco a poco a los brazos de Jesús. Me encantaba ayudar a la gente y también me encantaba la forma en que Julia me proporcionaba la muy necesitada ayuda con mis deberes de matemáticas. En realidad, parecía preocupada por mí. Más tarde, me explicó que me amaba porque Dios la amó primero, y que disfrutaba ayudarme porque Dios la había ayudado, así que estaba interesado en este Dios. Al final, descubrí lo que Dios ya había hecho por mí cuando envió a Cristo a morir por mí. Me di cuenta de que me amaba, y yo sabía que tenía que responder a su amor».

Es evidente que el lenguaje del amor de Robert era actos de servicio, pero en el amor a Dios, Robert no sabía qué hacer con su estilo de vida homosexual. A medida que continuaba estudiando la Biblia, se daba cuenta de que la homosexualidad no era el plan de la expresión sexual de Dios, pero no podía entender su fuerte atracción hacia otros hombres. Con el tiempo, le contó de sus luchas a Julia, a pesar de que temía que lo podría rechazar cuando lo supiera.

Su respuesta inicial lo sorprendió. Le dio el más largo y más fuerte abrazo que había recibido de nadie. Entonces, le dijo: «Ah, Robert. Me alegra mucho de que seas sincero conmigo. Hay esperanza. Dios puede ocuparse de tu problema». Robert no estaba tan convencido, pero estuvo dispuesto a darle una oportunidad a Dios. Julia le presentó a Robert su pastor, quien a su vez lo envió a un consejero cristiano. El consejero ayudó a Robert a entender sus sentimientos sexuales y le afirmó que los sentimientos sexuales distorsionados, al igual que otras emociones distorsionadas, podrían cambiar, tal y como lo creía Julia. Para Robert, la experiencia que cambia la vida fue lo que no solo le llevó a la disminución de su atracción por el mismo sexo, sino también al descubrimiento y al desarrollo de los sentimientos heterosexuales.

Robert continuó activo en el grupo de estudio bíblico con Julia y participaba en los actos de servicio a la comunidad. Después de graduarse, él y Julia se casaron y se dirigieron al seminario. Robert creía que Dios quería que fuera un ministro. Después del seminario, estaba ansioso por empezar un ministerio a tiempo completo usando su lenguaje principal del amor en el servicio a Cristo, y se llenó de alegría cuando lo llamaron de una iglesia en una pequeña ciudad de Virginia. Sin embargo, tres años más tarde, la iglesia le pidió la renuncia.

En sus esfuerzos por ayudar a los demás, Robert fue sincero acerca de sus luchas anteriores con la homosexualidad. Cuando los diáconos se enteraron de su pasado, no querían que un hombre así fuera su pastor. La fe de Robert se estremeció en gran medida, no solo su fe en los cristianos a quienes ministró, sino su fe en Dios también. Se preguntaba si Dios lo había abandonado. Llegó a la iglesia para poder servir a Dios; ahora desaparecía su oportunidad de servicio. ¿Dónde estaba Dios en todo esto?

Lo que Robert no sabía era que Dios tenía planes muy diferentes para su vida. En la actualidad, dirige un próspero ministerio para los hombres y las mujeres que han sufrido de trastorno de atracción por el mismo sexo. Muchos vivieron un activo estilo de vida homosexual o lésbico, pero han establecido la conexión con Dios y se han aferrado al poder de Dios que cambia vidas. No es un ministerio que Robert habría elegido para sí mismo. Habría preferido dejar esa parte de su vida atrás y utilizar su energía para pastorear una iglesia «normal». Sin embargo, está descubriendo que los aspectos anteriores de su vida le prepararon de manera exclusiva para su ministerio actual. La humillación de perder su primer ministerio le permitió descubrir el ministerio que Dios diseñó para él.

¿Fue dolorosa la experiencia? Sí. ¿Los diáconos violaron los principios cristianos en su acción? Sí. En cambio, Dios usó esas injusticias para hablar en lo profundo del espíritu de Robert y abrir su corazón hacia un ministerio diferente.

A veces los esfuerzos sinceros para amar a Dios sirviendo a los demás se verán frustrados, tal vez por un acto directo de Satanás, tal vez por cristianos bienintencionados. Las personas con actos de servicio como el lenguaje principal del amor reaccionarán con fuerza en contra de lo que perciben como fracasos. Sin embargo, nada puede frustrar la mano y la voz de Dios, moviendo a sus hijos en la mejor dirección para ellos. En algunos casos, puede ser la única disciplina que capte por completo su atención y los motive a buscar nuevos caminos de Dios para sus vidas.

Toque físico

C.S. Lewis escribió en *El problema del dolor*: «Dios nos susurra en nuestros placeres y habla a nuestra conciencia, pero en cambio grita en nuestros dolores, es el megáfono que Él usa para hacer despertar a un mundo sordo»[7]. Muchas veces la enfermedad es un correo electrónico de Dios para dirigir nuestra atención en una dirección diferente. En cambio, para quienes cuyo lenguaje principal del amor es el toque físico, es el megáfono de Dios. Se afectan mucho más y sus vidas cambian de manera más profunda que otras personas que tienen un lenguaje del amor distinto.

Conocí a Clarence hace más de cuarenta años cuando estaba en la iglesia en una silla de ruedas, aquejado de esclerosis múltiple. Con los años, su enfermedad progresó a pesar de las numerosas oraciones por sanidad. Con el tiempo quedó postrado en cama, y durante los últimos quince años de su vida, ya no podía mover los brazos ni las piernas. El único movimiento físico de su cuerpo que todavía podía controlar era el de su cuello.

La biblioteca local le proporcionó un aparato que sostenía un libro encima de la cama, permitiéndole leer y pasar las páginas colocando la barbilla en una barra de metal. Un amigo le diseñó un mecanismo similar por el que Clarence podía encender la radio con el mismo movimiento de la barbilla. Sin embargo, el contacto de Clarence con el mundo exterior se limitaba, en esencia, a una radio y los libros.

Cada cierto tiempo, visitaba a Clarence y tenía muchas conversaciones extensas, algunas de las cuales se centraban en los propósitos de Dios al permitir que él sufriera de esclerosis múltiple. Terminó la universidad y el seminario en preparación para el ministerio y pronto tuvo un pastorado, pero se truncó su ministerio de predicación. Tenía dificultades para entender eso. Como lo hizo Pablo, Clarence oró por sanidad, pero no llegó la sanidad que deseaba. En su lugar, desarrolló una creciente conciencia de que Dios tenía un tipo diferente de ministerio para él, uno que no se centraba en la predicación, sino en la oración.

Clarence se convirtió en una de las personas más devotas a la oración que haya conocido jamás. Mientras escuchaba la radio, oraba por la persona detrás de la voz y de las personas que escuchaban el mensaje. Todas las páginas de cada libro le traían a la mente personas por las que necesitaba orar. Cuando se corrió la voz de que Clarence era un guerrero de oración, las peticiones venían de muchos lugares. A menudo le comentaba mis propias necesidades y siempre sabía en mi corazón que, para él, las peticiones de oración nunca fueron una carga, sino un ministerio.

Por veinticinco años, Clarence tuvo un ministerio sin precedentes de la oración, cuyos resultados solo se revelarán en la eternidad. Primero, sentado en su silla y después tendido en su cama, continuó la búsqueda de la comprensión acerca del propósito de Dios para su vida. A pesar de que perdió la alegría del toque físico, el sufrimiento de Clarence se convirtió en un megáfono a través del cual Dios habló para canalizar su vida en el ministerio más productivo posible para él.

CUANDO PREGUNTAMOS «¿POR QUÉ?»

A veces, la disciplina de Dios parece más dura cuando no se cumplen nuestras esperanzas o expectativas. En esos momentos, es importante en especial recordar que Dios es bueno y nos ama. Me acuerdo de Cindy, a quien conocí en una gran conferencia de adultos solteros. Dijo: «Solía pensar que Dios no me amaba porque Él no me había dado un esposo. Durante años oré con diligencia por "el hombre adecuado", pero Dios nunca contestó mi oración. Mis amigos se casaban, y muchas veces sentía que Dios debía amarlos más que a mí. Pero entonces, uno por uno, vi a mis amigos divorciarse después de siete, diez y doce años de matrimonio. Vi el dolor que sufrieron y el trauma creado en la vida de sus hijos. Su dolor era mucho peor que el dolor que había sentido en mi soltería. Recuerdo el día que le dije a Dios: "Está bien, Padre. Es más, gracias por no responder mi oración y darme un esposo. Ahora me doy cuenta de que hubiera sido demasiado inmadura para tener éxito en el matrimonio. Gracias por el regalo de la soltería"».

En esa conferencia, Cindy estaba de veras feliz por estar sola. No sentía que Dios la hubiera despreciado, sino que la amaba intensamente y la salvó de la tragedia. Sin embargo, un año después de esa conversación, me llegó una carta de Cindy: «Estimado Dr. Chapman: Le escribo para decirle que Dios por fin trajo al hombre adecuado a mi vida. En realidad, no esperaba el matrimonio. Estoy segura de que recuerda nuestra conversación, pero acaba de pasar. Me encontré con Kevin poco después que me fui de la conferencia el año pasado. Solo había llegado a nuestra ciudad alrededor de un mes antes y de inmediato se unió a nuestro grupo de solteros en la iglesia. Nos hicimos amigos tres meses antes de comprometernos. Y nuestra relación ha sido todo lo que siempre soñé. Kevin es de veras un caballero cristiano. ¿No es bueno Dios?».

Ahora, Cindy y Kevin llevan diez años de casados, y tienen dos hijos y una relación maravillosa. Cada cierto tiempo, dirigen grupos de enriquecimiento matrimonial en su iglesia. Cindy me dijo una vez: «Dios les da cosas buenas a sus hijos, pero solo cuando sabe que están listos para recibirlas».

Una pregunta persistente surge cuando los que tratan de seguir a Dios se enfrentan con el dolor físico y las enfermedades debilitantes: *Si Dios es amor, ¿por qué permite que sus hijos sufran un dolor tan intenso?*

Al abordar esta difícil pregunta, los cristianos sinceros han llegado a conclusiones diferentes. Algunos proponen que toda enfermedad y sufrimiento es de Satanás, que nunca es la voluntad de Dios para su pueblo que experimente la enfermedad. Por lo tanto, si Satanás inflige la enfermedad, la oración de fe debe traer sanidad. Aunque hay testimonios legítimos de sanidad divina, también hay miles de personas cuya relación con Dios se estremeció o se destruyó después que «oraron en fe» y no se curaron.

Es cierto que las Escrituras instruyen a los creyentes a orar por la sanidad de los enfermos, pero Dios no se ha comprometido de manera categórica a sanar cada persona que expresa la fe. La disposición de una persona para creer puede ser un factor, pero la sanidad descansa sólidamente en las manos del Dios soberano que decide sanar o no, actuando siempre para nuestro bien y el bien de los demás.

Pablo fue el apóstol del primer siglo que se convirtió en el líder más grande de la iglesia cristiana primitiva. Se podría argumentar que quizá fuera la persona más fiel y comprometida de su tiempo, pero no se libró del sufrimiento ni del dolor. A menudo lo encarcelaron y azotaron con dureza. Una vez lo apedrearon y lo dieron por muerto. Tres veces naufragó. Se enfrentó con frecuencia al peligro por sus adversarios espirituales, los ladrones y por otras causas. Aunque de seguro que fue desagradable, ninguno de esos desafíos parecía afligir mucho a Pablo.

No obstante, Pablo se resistió cuando la enfermedad afectó su cuerpo. Tres veces le rogó a Dios que lo sanara, pero en su lugar, la respuesta de Dios fue: «Te basta con mi gracia, pues mi poder se perfecciona en la debilidad». Entonces, Pablo llegó a la conclusión de que su enfermedad era para evitar que se volviera presumido por las grandes revelaciones que le había dado Dios. Vio su enfermedad física como disciplina positiva y amorosa de Dios. Como resultado, fue capaz de decir: «Por lo tanto, gustosamente haré más bien alarde de mis debilidades, para que permanezca sobre mí el poder de Cristo. Por eso me regocijo en debilidades, insultos, privaciones, persecuciones y dificultades que sufro por Cristo; porque cuando soy débil, entonces soy fuerte»[8].

A lo largo de la historia, muchos líderes cristianos, como Pablo, han experimentado el dolor de la enfermedad y el sufrimiento. Por lo general, este tipo de experiencia le llama la atención a Dios, sobre todo después que los profesionales médicos han hecho todo lo que pueden hacer y la enfermedad persiste.

Sospecho que el lenguaje principal del amor de Pablo quizá fuera el de toque físico. Su conversión se precipitó por la presencia de Dios tocando su cuerpo y dejándolo ciego durante tres días. Después de su conversión, fue un hombre en constante movimiento, derramando su vida de manera física como una expresión de amor a Cristo, Aquel que lo tocó y cambió su vida. En medio del ministerio fructífero de Pablo, Dios usó la disciplina amorosa del toque físico para mantenerlo por el buen camino, a fin de que la última parte de su vida fuera tan eficaz en su totalidad como lo fueron los primeros años después de su conversión.

Al final de su vida, Pablo pudo decir: «El tiempo de mi partida ha llegado. He peleado la buena batalla, he terminado la carrera, me he mantenido en la fe»[9]. La disciplina amorosa de Dios había cumplido su propósito, y Pablo no tenía nada más que gratitud en su respuesta.

Quiero reiterar: La disciplina de Dios no siempre es en respuesta a un comportamiento pecaminoso. A menudo es su método de redirigir nuestros esfuerzos sinceros para adorarle y servirle. Aunque nuestra respuesta inicial quizá sea la de retroceder ante el dolor y cuestionar lo que está haciendo, si seguimos para escuchar su voz, es probable que descubramos que durante los momentos de dolor más profundo es cuando experimentamos el amor de Dios con mayor intensidad. Y cuando por fin comprendemos su plan, encontramos más paz y satisfacción en la vida de la que hubiéramos conocido jamás.

PREGUNTAS PARA REFLEXIÓN O DISCUSIÓN

(1) Cuando escuchas la palabra *disciplina*, ¿qué es lo primero que te viene a la mente?

(2) Piensa en las diversas formas en que te disciplinaron tus padres en la niñez. Al pensar de nuevo en ellas como adulto, ¿la mayor parte de esos intentos tienen un efecto positivo o negativo en tu vida?

(3) ¿Puedes pensar en un momento en el que Dios usa tu lenguaje principal del amor para disciplinarte de alguna manera? ¿Cuáles fueron las circunstancias? ¿Cuál fue el resultado?

Capítulo diez

CUALQUIERA *que* SEA *el* LENGUAJE, DEJA *que* PREVALEZCA *el* AMOR

Me encontré por primera vez con Michael Cassidy en el impresionante y hermoso Teatro Sheldonian en la Universidad de Oxford, Inglaterra. Lo presentaron como una de las mejores veinte personas en Sudáfrica que facilitó la transición del *apartheid* a elecciones libres. Me cautivó su historia.

Dijo: «Vine a Cambridge para estudiar derecho, pero a las dos semanas me encontré con Cristo». Poco después, Billy Graham visitó Cambridge y la fe cristiana que acababa de descubrir Michael lo estimulaba y lo inspiraba. Cassidy completó sus estudios en Cambridge, fue a Estados Unidos para los estudios teológicos y luego sintió la necesidad de volver a Sudáfrica. Su visión era llevar a cabo campañas evangelísticas en toda la ciudad similares a las del Dr. Graham.

Se crio en Sudáfrica, una nación con una población de mayoría no blanca y cuyo gobierno lo dominaban los blancos, parte del sistema establecido del *apartheid*.

«Estaba convencido que el *apartheid* era malo», dijo Cassidy. «Sabía que tenía que enfrentar el fuego de oponérmele». Al principio de sus estudios de posgrado en el seminario, se había convencido de que el evangelio de Cristo tenía un compromiso equilibrado para la salvación de las almas y la dignidad de la vida humana. La inquietud espiritual no podía separarse de la preocupación social. «La justicia es el amor integrado a las estructuras», dijo Cassidy. Recordó que Juan y Carlos Wesley desafiaron las estructuras injustas y, al final, se abolió el comercio de esclavos. «El cambio moral trajo el cambio social», dijo.

Veinte millones de personas en Sudáfrica se autodenominaban cristianas, pero la mayoría tenía poco interés en la aplicación del cristianismo a las estructuras sociales de la vida. La palabra de Dios al profeta Jeremías se convirtió en luz de guía para Cassidy: «Porque yo sé muy bien los planes que tengo para ustedes —afirma el SEÑOR—, planes de bienestar y no de calamidad, a fin de darles un futuro y una esperanza. Entonces ustedes me invocarán, y vendrán a suplicarme, y yo los escucharé. Me buscarán y me encontrarán, cuando me busquen de todo corazón»[1].

Cassidy dijo: «Estas palabras se les dijo a Israel en la hora más oscura de la cautividad de Babilonia. Dios tenía planes para el antiguo Israel, y en nuestro caso, sabíamos que Dios tenía planes para nosotros. Somos un pueblo de esperanza, y sabíamos que Dios ya estaba en acción en Sudáfrica». Sin embargo, cuando se decidió a abordar el *apartheid* de frente, los años siguientes fueron difíciles. Como líder en el movimiento en contra del *apartheid*, la policía lo acusó de trabajar para la CIA. Y a su sobrino lo condenaron a seis años de prisión tras negarse a luchar en el ejército del *apartheid*.

La oposición de Cassidy no solo vino de los líderes del gobierno, sino también de muchos cristianos blancos que estaban satisfechos con el *statu quo*. Sin embargo, seguía convencido de que la gente debía tener un sentido de orden moral porque se crearon a imagen de Dios, y Él ejemplifica la justicia total. Solo Dios puede tocar el corazón de las personas y llevar a todas las partes a una solución pacífica. A pesar de que Cassidy creía que el «*apartheid* iba en oposición a lo que es natural en el universo», su gran reto era «venir en amor».

Así que en abril de 1983, Cassidy llamó a la nación a la oración. Dirigió una cadena de oración que se centró en la oración por el país. Por dos años, día y noche a toda hora, los cristianos oraron por la dirección de Dios en su nación. En toda la nación, la gente oró, incluyendo a cuarenta y dos reclusos en el corredor de la muerte.

Cassidy, y los que trabajaban con él, también comenzaron a organizar retiros de fin de semana, reuniendo igual número de blancos y no blancos. Estos fueron retiros de políticos de la extrema derecha y de la extrema izquierda, y todo el mundo en el medio. Las reuniones se centraron en contar sus historias personales. Un cristiano negro, que fue preso político en la famosa isla Robben, donde Nelson Mandela pasó la mayor parte de sus años de prisión, contó su experiencia de que lo enterraran hasta el cuello en un hoyo con solo la cabeza por encima del suelo, y después que hombres blancos orinaran sobre él. Como se dieron a conocer este tipo de atrocidades, los corazones de los blancos y no blancos comenzaron a ablandarse y los muros de la hostilidad empezaron a desintegrarse. Los líderes de la iglesia empezaron a participar en el llamado por justicia.

En 1985, se desafió a los cristianos para que se quedaran en casa y no fueran a trabajar, a fin de invertir el día en oración. Ese día de oración llevó a la nación a un paro, pero volvió el enfoque del país a Dios. Cuando a su debido tiempo los líderes políticos por fin acordaron tratar de llegar a un nuevo acuerdo para el proceso político de la nación, hubo mucha tensión. A pesar de las muchas negociaciones, parecía que todo el proceso se desmoronaría. En ese momento, Cassidy y otros organizaron una reunión de oración en un estadio de *rugby*. Más de treinta mil personas vinieron a orar. Mientras que los líderes políticos se reunieron en la sala vip del estadio, los cristianos salieron al campo para orar por un cambio radical, sin saber de la reunión en el salón. Más tarde, los medios informarían que «la manifestación por la paz de Jesús» transformó la situación. A la nación se le permitió elecciones libres que se llevaron a cabo en paz.

En palabras de Cassidy: «Tuvimos que enfrentar la realidad de que solo Dios podía cambiar los corazones de los hombres y eliminar el *apartheid* de manera pacífica. Se requerían confesiones y arrepentimiento, pero Dios intervino en la historia humana. Las grandes cosas suceden sobre las ruedas de las relaciones»[2]. Cuando el amor se impone, pueden cambiar las estructuras sociales humanas. Podemos acercarnos al ideal de justicia al darnos cuenta de que lo que dijo Cassidy es verdad: «La justicia es el amor integrado a las estructuras». De acuerdo con Cassidy, solo el amor tiene el potencial de llevar a la sociedad a un nivel más alto de justicia. Sin embargo, debido a la realidad del mal, tal amor nunca se expresa sin oposición.

No todos los problemas de Sudáfrica han disminuido desde el establecimiento de las elecciones libres. El amor no siempre ha prevalecido, pero donde hay personas que de veras aman a Dios, las relaciones humanas seguirán mejorando. Cassidy tenía razón. «Las grandes cosas suceden sobre las ruedas de las relaciones». Y el aceite que lubrica las ruedas de las relaciones es el amor. Ningún poder tiene más potencial para cambiar las relaciones humanas que el poder del amor.

«ORÉ PARA QUE DIOS NOS PUSIERA DONDE NOS QUERÍA»

A nivel individual, el amor de una persona por Dios puede alterar de manera drástica sus planes. El Dr. Larry Pepper (en este caso, el Dr. Pepper es el nombre real) trabajó como cirujano de vuelo para la Administración Nacional para la Aeronáutica y el Espacio (NASA [por sus siglas en inglés]) y participó en la selección médica de los astronautas en el Centro Espacial Johnson en Houston. Se trasladó hasta el Centro Espacial Kennedy de la Florida para los lanzamientos, al frente de los equipos médicos de emergencia en caso de accidentes y ayudar en la recuperación de la tripulación después de los aterrizajes. Trabajó más de quince misiones, incluyendo la primera misión de reparación del telescopio espacial Hubble, y soñaba con algún día hacer un vuelo espacial.

En 1996, sin embargo, Larry se comprometió a un medio profesional diferente por completo. Había estado activo en su iglesia local, muy comprometido con Jesucristo, en medio de una carrera exitosa, y ayudando a su esposa, Sally, a criar sus tres hijos. Entonces, en ese momento, recibió un mensaje de Dios. En las propias palabras de Larry, el mensaje fue: «"Tú me has comprometido todo, excepto tu trabajo".

»Ese fue el punto decisivo», dice. «Oré y le dije a Dios que deseaba que Él nos pusiera donde quería que estuviéramos».

Larry y Sally comenzaron a orar por la dirección de Dios. A los pocos meses, Larry fue en un viaje de voluntarios al Zaire para trabajar con los refugiados ruandeses. Allí conoció a Larry Pumpelly, un misionero que le habló de la necesidad de los médicos del Hospital Universitario de Mbarara, un centro de enseñanza en Uganda. Larry sabía en su corazón que era la dirección de Dios. Sin embargo, después de tomar la decisión de convertirse en misionero, lo seleccionaron como finalista para el servicio de astronauta en el espacio. Vio esta noticia como una prueba de si de veras amaba a Dios más que su antiguo sueño.

El amor prevaleció, y desde 1996, Larry y Sally han estado demostrando el amor de Dios a los pacientes y los internos por igual, a medio mundo de distancia en Uganda. Entre otros logros hasta la fecha, se ha instituido un ambulatorio para el sida.

«Estamos ofreciendo algo que otras organizaciones de sida no hacen al lidiar con el aspecto espiritual», dijo Larry. Expresó cuán reconfortante era saber que aunque la mayoría de sus pacientes de sida morirían, muchos descubrirían primero la seguridad del amor de Dios y esperarían con expectación la vida eterna. Mientras prepara a jóvenes médicos nacionales, procura demostrar lo que significa ser un médico cristiano comprometido a proporcionar el amor de Dios junto con la ayuda médica. Dirige un estudio bíblico semanal para los internos, centrándose en las necesidades de los hombres de Uganda. El viernes por la tarde, él y Sally ofrecen una alternativa a la escena del bar Mbarara, dándoles a los estudiantes de medicina la oportunidad de jugar, ver películas y analizar conceptos bíblicos.

En los domingos, los Pepper dirigen su «iglesia». Sally prepara la clínica prenatal en el hospital para los servicios religiosos y les da a los niños un estudio bíblico. Después, Larry revisa a sus pacientes, dirigiendo un servicio de adoración. Los domingos por la tarde, Larry y Sally celebran un estudio bíblico mixto donde procuran hacer prácticas las enseñanzas de Jesús para los jóvenes del personal médico ugandés[3]. Es una pareja que demuestra cada día cómo el amor ha prevalecido en su vida.

MIREMOS MÁS ALLÁ DE LA BASURA

Después de escuchar una serie de historias sobre África, pude hacer mi propio viaje un tiempo atrás. Fui al país del oeste africano de Benín y me alojé en un pequeño hotel en la ciudad costera de Cotonú. Al principio, no había agua. La palabra oficial de la planta baja era: «Ya ordenamos la pieza. Será para mañana».

Me sentía un poco frustrado hasta que volví mis pensamientos a Dios. Me vino a la memoria casi de inmediato que si me sentía impotente y que mi vida estaba fuera de control, tal vez debería reflexionar sobre los cientos de miles de hombres y mujeres de raza negra que navegaban desde estas mismas costas en contra de su voluntad para trabajar en las plantaciones de propiedad de mis antepasados. Escribí el siguiente pasaje en mi diario:

«Mientras estoy aquí sentado en el África Occidental, y me doy cuenta de la atrocidad de la esclavitud y cómo la iglesia cristiana en Inglaterra y Estados Unidos apoyó esa práctica nefasta, mi corazón se entristece. Me pregunto qué negros de nuestra generación podrían escuchar jamás del amor de Dios a través de los vasos blancos. Solo Dios mismo puede ayudar a cualquiera de nosotros a que miremos más allá de la basura y veamos al Redentor».

En cada generación, hay quienes dicen ser «amantes de Dios» cuyo comportamiento contradice su profesión. Son los que contaminan el río del amor de Dios. Sin embargo, cada generación tiene también sus Juan Wesley, William Wilberforce, Harriet Beecher Stowe, y miles de otros cuyos nombres nunca integran los libros de historia. Son voces que salen de la oscuridad para decir que la explotación humana está mal, cualquiera que sea el motivo. Cristo vino a salvar, no a explotar. Hizo una distinción entre la simple profesión de fe y la verdadera posesión de la fe. Hablar por hablar no es lo mismo que hacer lo que se dice. Como escribiera uno de los discípulos de Jesús: «¿Cómo puedes decir que amas a Dios a quien no has visto cuando no amas a tu hermano a quien has visto?»[4].

Sentado en esa habitación de hotel del tercer piso, recordé las atrocidades del pasado. Pero entonces, también pensé en los miles de verdaderos seguidores de Jesús que vinieron a estas mismas costas solo para compartir su amor. Si uno tuviera que atravesar este enorme continente, se encontraría literalmente con miles de hospitales, clínicas, colegios y universidades, facultades de medicina y proyectos de servicios sociales iniciados por misioneros que amaban a Dios más que a una vida fácil.

África Occidental no se llama, sin motivo, «el cementerio de los misioneros». Entre el pequeño grupo de misioneros con los que me encontré, uno perdió a su esposa cuando ella tenía treinta y dos años. Casi todos habían experimentado al menos una vez la malaria. A cuatro los detuvieron, amordazaron y robaron a punta de pistola. Muchos vivían en aldeas muy remotas que eran inaccesibles durante la estación de lluvia. Aun así, todos tenían una pasión y un amor por Dios que no podían detenerse. Esas personas no eran exploradores cuya emoción vino por descubrir una nueva cascada; eran hombres y mujeres que han experimentado el amor de Dios por medio de Jesucristo. Personas que invertían sus vidas en llevarles ese amor a otros. Y donde quiera que vayan, el amor siempre prevalece.

EL AMOR DE DIOS: ETERNO E INCONDICIONAL

El amor implica procurar el bienestar del otro. Debido a que las personas están hechas a imagen de Dios y la naturaleza de Dios se caracteriza por el amor, algo en el corazón de cada persona sabe que el amor es lo que se debe hacer.

Sin embargo, las personas también se apartan de Dios, y en nuestro estado natural tendemos a amar a los que nos aman. La regla del día para las personas, así como para muchas de las religiones del mundo, es: «Buscaré tu bienestar, siempre y cuando tú busques mi bienestar».

Jesús fue radical en su enseñanza. Le dijo a uno de tales grupos religiosos: «Ustedes han oído que se dijo: "Ama a tu prójimo y odia a tu enemigo". Pero yo les digo: Amen a sus enemigos y oren por quienes los persiguen». La base de su noble desafío era Dios mismo. Jesús dijo: «[Dios] hace que salga el sol sobre malos y buenos, y que llueva sobre justos e injustos. Si ustedes aman solamente a quienes los aman, ¿qué recompensa recibirán? [...] Y si saludan a sus hermanos solamente, ¿qué de más hacen ustedes? ¿Acaso no hacen esto hasta los gentiles?»[5].

Jesús hizo una clara distinción entre el amor por motivos religiosos y el amor divinamente motivado. Los que han hecho la conexión con Dios nunca estarán satisfechos con solo amar a quienes los aman a cambio.

La cuestión es cómo librarse de la atracción del amor terrenal, a fin de experimentar la libertad del amor divino. Estoy convencido de que la respuesta está en llevarle nuestra debilidad a Aquel que tiene la fuerza, es decir, a Jesús de Nazaret.

A un grupo de personas religiosas que decía que tenía una relación con Dios, Jesús le dijo:

—Si Dios fuera su Padre —les contestó Jesús—, ustedes me amarían, porque yo he venido de Dios y aquí me tienen. No he venido por mi propia cuenta, sino que él me envió. ¿Por qué no entienden mi modo de hablar? Porque no pueden aceptar mi palabra. Ustedes son de su padre, el diablo, cuyos deseos quieren cumplir. Desde el principio éste ha sido un asesino, y no se mantiene en la verdad, porque no hay verdad en él.

Cuando miente, expresa su propia naturaleza, porque es un mentiroso. ¡Es el padre de la mentira! Y sin embargo a mí, que les digo la verdad, no me creen. ¿Quién de ustedes me puede probar que soy culpable de pecado? Si digo la verdad, ¿por qué no me creen? El que es de Dios escucha lo que Dios dice. Pero ustedes no escuchan, porque no son de Dios[6].

Estas palabras son duras en extremo si no fueran ciertas. Sin embargo, debido a que *eran* verdad, explican por qué las personas religiosas a menudo han estado involucradas en el asesinato y la mentira. Solo siguen el ejemplo de su padre, el diablo. Son personas sinceras, pero están sinceramente equivocadas.

La respuesta al dilema de la humanidad no es unificar las religiones del mundo y reunirlas en una gran religión mundial que instituya la paz. Las religiones del mundo, ya sea de manera individual o colectiva, nunca han llevado a la gente a experimentar el tipo de amor divino del que habla Jesús. Ninguna religión, incluso la «cristiana», nunca ha producido tal amor. Este tipo de amor fluye solo a través de quienes establecen una conexión genuina con Dios, quienes siguen de veras a Cristo. Al igual que Cristo, han aprendido a «velar [...] por los intereses de los demás» y lo hacen «honrándose mutuamente»[7].

El apóstol Pablo, quien se vio atrapado en la religión antes de su genuina conexión con Dios, lo expresó de esta manera: «Difícilmente habrá quien muera por un justo, aunque tal vez haya quien se atreva a morir por una persona buena. Pero Dios demuestra su amor por nosotros en esto: en que cuando todavía éramos pecadores, Cristo murió por nosotros»[8].

El amor humano nos puede motivar al sacrificio, o incluso a la muerte, por alguien a quien consideramos bueno. Por ejemplo, uno de los hermanos puede donarle a otro un órgano, o los padres pueden estar dispuestos a morir para salvarle la vida a un hijo. En cambio, el amor humano no nos eleva al nivel de morir por nuestros enemigos. Este grado de amor solo fluye de Dios, quien hace que esté disponible para nosotros. Pablo también escribió: «Dios ha derramado su amor en nuestro corazón por el Espíritu Santo que nos ha dado»[9].

Las Escrituras son claras. Dios nos ama con un amor eterno. Nos ama a pesar de que nos hemos alejado de Él y andamos a nuestra manera. No obstante, nuestra deliberada rebelión humana crea problemas. Debido a que Dios es justo y santo por completo, no puede aceptar nuestro pecado. Hacerlo sería violar su justicia. Así que el pecado humano origina un abismo entre las personas y Dios.

No se diferencia de lo que ocurre cuando uno de los cónyuges le es infiel al otro. Se crea una brecha entre ambos y el distanciamiento es inevitable. Incluso, nuestro limitado sentido de la justicia humana exige el pago por la culpa, por lo que de seguro no se debe esperar menos de la justicia perfecta de Dios. Sin embargo, el amor de Dios es perfecto también, así que su amor por la humanidad lo motivó a enviar a Jesús, quien sufrió la pena completa por nuestras maldades. Así que las exigencias de la justicia se cumplieron en la cruz de Jesucristo.

Desde el punto de vista humano, Jesús murió a los treinta y tres años de edad a manos de personas religiosas. Sin embargo, desde la perspectiva del cielo, su muerte fue un acto de amor, a fin de pagar por los pecados de todos los que quieran aceptar el perdón de Dios. No vino a la tierra para vivir una larga vida como maestro célebre. Vino a morir, por lo que pudo decir desde la cruz momentos antes de morir: «Todo se ha cumplido»[10]. Lo que sucedió en ese momento y tres días más tarde cambió para siempre la vida de los que creen. El registro histórico es claro.

La cortina del santuario del templo se rasgó en dos, de arriba abajo. La tierra tembló y se partieron las rocas. Se abrieron los sepulcros, y muchos santos que habían muerto resucitaron. Salieron de los sepulcros y, después de la resurrección de Jesús, entraron en la ciudad santa y se aparecieron a muchos. Cuando

el centurión y los que con él estaban custodiando a Jesús vieron
el terremoto y todo lo que había sucedido, quedaron aterrados
y exclamaron:
—¡Verdaderamente éste era el Hijo de Dios![11]

La cortina en el templo impedía el acceso al Lugar Santísimo donde se guardaba el arca del pacto. Solo al sumo sacerdote se le permitía entrar al Lugar Santísimo, y entonces, una vez al año ofrecer un sacrificio animal por los pecados del pueblo. El ritual anual era un símbolo de Jesús, el Cordero de Dios, de quien dice la Escritura que fue «sacrificado desde la creación del mundo»[12].

Jesús ha existido desde la eternidad con Dios el Padre, pero cuando invadió la historia humana en la forma de un hombre para ofrecerse a sí mismo como un sacrificio, ya no se necesitaron los sacrificios en el templo. La acción simbólica dio paso a la realidad del perdón de Dios para todas las personas que creían.

La resurrección de Jesús de entre los muertos está documentada, así como cualquier evento en la historia antigua. Una y otra vez, los que han examinado las pruebas han llegado a la misma conclusión: Jesús resucitó de entre los muertos tres días después de morir en una cruz. Su resurrección es la evidencia sobrenatural de que sus palabras eran de fiar. Los que creen y responden, reciben el perdón de Dios y el don del Espíritu Santo. El Espíritu de Dios viene a residir en ellos, y experimentan el amor de Dios para compartir con su generación. Esto es lo que Pablo quiso decir cuando escribió en Romanos 5:5: «Dios ha derramado su amor en nuestro corazón por el Espíritu Santo que nos ha dado». Además, los que creen también pueden mirar hacia adelante a la resurrección después de la muerte y la eternidad con Dios en el cielo.

Si te encuentras con estas ideas por primera vez, sé que parecen ser increíbles. Aun así, sé también que debido a que estás hecho a imagen de Dios y porque Él te ama, hay algo dentro de tu espíritu que afirma: «Sí, esto es verdad». Al actuar según esta respuesta, te permite realizar la conexión con Dios. Las palabras que le dices a Dios no son importantes, pero el grito del corazón de muchos creyentes es algo como esto: «Señor, me resulta difícil creer que me amas tanto, pero te abro mi corazón. Quiero aceptar tu perdón. Te agradezco que Cristo haya pagado la pena. Invito a tu Espíritu a entrar en mi vida. Quiero que mi vida sea un canal de tu amor. Me entrego a ti para siempre».

Miles de personas de culturas por todo el mundo le han dado ese tipo de respuesta a Dios y, al hacerlo, han encontrado el amor y la vida para siempre. A través de la vida de esos individuos, el amor de Dios habla en los cinco lenguajes del amor en todo el mundo en cada generación. Una a una, las personas siguen respondiendo al amor de Dios y establecen «la conexión con Dios».

MI POCO PROBABLE AMISTAD

Durante casi cuarenta años, uno de mis amigos más cercanos ha sido Clarence Shuler. Nacidos ambos en el Sur Profundo antes de los días de la integración, Clarence de padres negros y yo de blancos, por lo que la probabilidad de que entabláramos amistad a finales de 1960 no era muy grande. Las tensiones raciales eran altas; la integración de las escuelas públicas no se aceptaba sin resistencia. El ambiente cultural no promovía las relaciones interraciales.

Estaba sirviendo en el personal de una iglesia por completa de blancos que acababa de terminar un nuevo gimnasio. Durante una «noche de diversión para adolescentes», Clarence y su amigo Russell entraron en el gimnasio. No pude dejar de pasarlos por alto, así que me les acerqué, me presenté y les di la bienvenida a la noche. Parece que pasaron un buen tiempo y comenzaron a asistir a las reuniones con regularidad.

Clarence participaba con libertad en las discusiones y no tenía miedo de hacer preguntas. Siempre tenía un espíritu cordial. Cuando llegó el momento para el retiro de jóvenes, Clarence se inscribió. Durante ese fin de semana, Clarence haría la conexión con Dios. Las noches del viernes y sábado estaban llenas de actividades divertidas. La noche del sábado, di una conferencia y terminé con la pregunta: «¿Está completa tu vida o le falta algo?». Más adelante, Clarence dijo: «Ya me había dado cuenta de que algo faltaba en mi vida. Pensaba que si podía formar parte del equipo de baloncesto de la escuela, se resolverían todos mis problemas. Bueno, después que formé parte del equipo, ¡de inmediato me di cuenta de que todavía tenía los mismos problemas! Necesitaba a Jesucristo en mi vida».

Nunca olvidaré la noche en que Clarence y yo nos arrodillamos en el suelo detrás de una camioneta cuando él le pidió a Jesucristo que le perdonara sus pecados y que entrara en su vida. Clarence dice de esa experiencia: «¡Mi vida cambió en realidad! Dios me dio una paz interior que se ha quedado conmigo sin importar cuál sea la situación. Dios me enseñó la libertad de ser un individuo, por lo que ya no tenía que seguir al grupo de gente para encontrar aceptación. Por encima de todo, empecé a vivir la vida maravillosa que Dios había planeado para mí». Sin embargo, a la larga confesaría: «Por muy emocionado que estuviera por haberme convertido en cristiano, me molestaba que un hombre blanco me llevara a Cristo. Más tarde, me di cuenta de que a él no le importaba la raza, y que a mí no debería importarme tampoco. ¡Lo único que importaba era que Cristo estaba ahora en mi vida!».

Clarence continuó activo en nuestro grupo de jóvenes y comenzó a estudiar las Escrituras. En esa época, Karolyn y yo teníamos «día de puertas abiertas» para los estudiantes universitarios cada viernes por la noche, los cuales comenzaron a asistir con regularidad. Clarence empezó a memorizar las Escrituras y a hablarles a otros de su fe. Cuando llegó el verano, le pregunté si estaría dispuesto a servir como consejero en nuestro campamento de la iglesia. Le asignamos un grupo de niños de trece años de edad, todos blancos. Clarence dijo: «Esa es una experiencia que nunca olvidaré».

Clarence se graduó del instituto, y luego terminó la universidad y el seminario. Desde entonces, ha trabajado con diversas organizaciones cristianas como consultor intercultural. Es autor de cinco libros y numerosos artículos. Además, es un devoto esposo y padre.

A menudo, Clarence ha expresado en público y en privado el aprecio por mi papel en su vida. Me exalta por mi valentía en los finales de la década de 1960 por hacer que se sintiera acogido en una iglesia totalmente blanca, pero creo que el valiente era él. Me enseñó mucho del amor divino. Me ha mostrado que el amor cubre multitud de pecados, que el amor trasciende las fronteras raciales y que el amor está siempre dispuesto a perdonar. Dios me mostró amor trayendo a Clarence Shuler a mi vida.

He llegado a creer que la única solución a las tensiones raciales de mi país y otros en todo el mundo es el amor divino. Entiendo muy bien que la gente no puede dar lo que no ha recibido. La respuesta es la de no más sermones sobre el amor; la respuesta es ayudar a las personas, una a una, a establecer la conexión con Dios. En cuanto una persona conoce a Dios y su Espíritu la controla, el amor fluirá con libertad a través de ella.

CONVIRTÁMONOS EN «MULTILINGÜES»

Jesús les enseñaba a los que le seguían mientras Él estuvo en la tierra: «Este mandamiento nuevo les doy: que se amen los unos a los otros. Así como yo los he amado, también ustedes deben amarse los unos a los otros. De este modo todos sabrán que son mis discípulos, si se aman los unos a los otros»[13]. El amor es la marca distintiva de los que siguen a Jesús. Si somos los agentes de Dios para ayudar a otros para que lleguen a conocerlo de una manera personal, no será a través de argumentos ni a la fuerza, sino a través del amor divino.

Hace años, Nicky Cruz fue un líder de una banda adicta a las drogas en las calles de la ciudad de Nueva York. Se le acercó David Wilkerson, un joven y seguidor apasionado de Jesús.

«Si se me acerca, predicador, lo mato», le advirtió Nicky.

«Podrías hacerlo. Podrías cortarme en mil pedazos y arrojarlos en la calle, y con cada pedazo de mi ser te amaría», le respondió Wilkerson[14].

Con el tiempo, Nicky se convirtió en un seguidor de Jesús. El amor prevalece.

Nos acercamos a Dios como individuos, pero una vez que se realiza la conexión con Dios, Él nos coloca en su familia. Por el resto de nuestras vidas y por toda la eternidad, nunca estaremos solos otra vez. Nos pertenecemos el uno al otro, y juntos nos acercamos a los que no están todavía en la familia y nos convertimos en agentes del amor de Dios para ellos[15].

Cualquiera que sea el lenguaje del amor que hable Dios para atraernos a Él, será el lenguaje del amor que utilizaremos con más naturalidad para expresarle nuestro amor a Dios. Sin embargo, no debemos detenernos allí. A medida que continuamos una relación increíble de amor con Dios, su deseo es que aprendamos a recibir su amor en los cinco lenguajes. El apóstol Pablo lo expresó de esta manera:

> *Por esta razón me arrodillo delante del Padre, de quien recibe nombre toda familia en el cielo y en la tierra. Le pido que, por medio del Espíritu y con el poder que procede de sus gloriosas riquezas, los fortalezca a ustedes en lo íntimo de su ser, para que por fe Cristo habite en sus corazones. Y pido que, arraigados y cimentados en amor, puedan comprender, junto con todos los santos, cuán ancho y largo, alto y profundo es el amor de Cristo; en fin, que conozcan ese amor que sobrepasa nuestro conocimiento, para que sean llenos de la plenitud de Dios.*
>
> *Al que puede hacer muchísimo más que todo lo que podamos imaginarnos o pedir, por el poder que obra eficazmente en nosotros, ¡a él sea la gloria en la iglesia y en Cristo Jesús por todas las generaciones, por los siglos de los siglos! Amén[16].*

La Escritura aclara que hacer la conexión con Dios no es una culminación, sino más bien un principio. También queda claro que esta relación de amor con Dios implica una asociación permanente con otros miembros de la familia. Así que a medida que aprendemos a recibir el amor de Dios en los cinco lenguajes del amor, también comenzamos a hablarles esos lenguajes a otros creyentes, así como a los que todavía no están en la familia de Dios.

Expresar el amor usando tu lenguaje principal del amor te vendrá de forma natural. Aprender a hablar los otros cuatro lenguajes del amor puede requerir más tiempo y esfuerzo. Sin embargo, hay que recordar que no generamos el amor, sino que solo canalizamos el amor que ofrece Dios.

No amamos a los demás con el fin de que Dios nos acepte; los amamos en respuesta a que Dios nos amó primero y por su gracia nos acepta en su familia. Aprender a comunicar el amor en los cinco lenguajes del amor mejora nuestra utilidad en la comunidad de Dios. Cuando el amor prevalece en la comunidad cristiana, el mundo no cristiano se dirigirá en multitudes a nuestras puertas, pues anhelan con desesperación tal amor. Una vez más, escucha las palabras de Jesús: «Este mandamiento nuevo les doy: que se amen los unos a los otros. Así como yo los he amado, también ustedes deben amarse los unos a los otros. De este modo todos sabrán que son mis discípulos, si se aman los unos a los otros»[17].

El amor es la marca distintiva de los cristianos. Cuando el amor de Dios fluye a través de nosotros en los cinco lenguajes del amor, nos convertimos en instrumentos sorprendentemente eficaces en ayudar a otros a hacer la conexión con Dios y entrar en su familia. A pesar de cualesquiera otros retos u obstáculos que podamos enfrentar, ¡el amor prevalece!

PREGUNTAS PARA REFLEXIÓN O DISCUSIÓN

(1) Recuerda una o dos veces en tu pasado cuando se podría decir que el amor se impuso en una situación inusual o difícil. ¿Qué aprendiste de cada experiencia?

(2) ¿Puedes pensar en un momento en el que con una mano de amor atravesaste barreras culturales, raciales o de otro tipo? A veces vemos los resultados de esas acciones, como en la historia de Clarence. Otras veces no se ve ningún beneficio inmediato de nuestra fidelidad a Dios. ¿Cuáles fueron los resultados de tus esfuerzos?

(3) De vez en cuando nos preparamos a nuestra manera y dejamos de ver las oportunidades para alcanzar a otros con amor. Piensa en la semana pasada. ¿Puedes recordar alguna posibilidad que tuviste de hablar un lenguaje del amor para mostrarles el amor de Dios a los demás pero no lo hiciste? Si es así, ¿qué te impidió hacerlo? (¿Timidez? ¿Temor? ¿Demasiado ocupado? Etc.). Si tienes una oportunidad similar esta semana, ¿qué podrías hacer de manera diferente para que prevalezca el amor?

El DIOS
QUE HABLA *tu*
LENGUAJE

El 11 de septiembre de 2001, los terroristas secuestraron cuatro aviones de pasajeros. Casi cuatro mil ciudadanos estadounidenses murieron en Nueva York y Washington D. C. a manos de fanáticos religiosos engañados. Incluso ahora que han pasado varios años, el evento se presenta como un trágico recordatorio de que las religiones humanas no son la clave para la paz.

El propósito de este libro no es llamar a la gente a una mayor devoción religiosa. Demasiado a menudo, el ejercicio de la religión humana tiene poco que ver con el amor. Las religiones del mundo revelan nuestra búsqueda de lo trascendente, pero no sacian la sed del alma humana. El cristianismo, cuando se practica como una simple religión, no es diferente. Miles de personas que se dicen llamar cristianas nunca han establecido la «conexión con Dios». A estas personas las considero «cristianas culturales». Para ellas, el cristianismo es un conjunto de creencias y prácticas religiosas, como asistir a la iglesia, dar dinero, repetir oraciones y tratar de ser buenos ciudadanos. Tienen la esperanza de que cuando mueran, vayan al cielo, pero no tienen ninguna garantía porque carecen de relación alguna con el Dios de los cielos. Se consideran a sí mismos cristianos porque crecieron en un hogar donde la religión de sus padres era el cristianismo.

En este sentido, no son diferentes de culturas budistas, hindúes, judías o musulmanas. La religión de sus padres es la religión de conveniencia. Reconocen sus anhelos de trascendencia, y su religión proporciona un vehículo para expresar el hambre espiritual; sin embargo, el hambre no se sacia de veras.

A menudo, la religión inmuniza al individuo para hacer la verdadera «conexión con Dios». Algunas personas dicen: «Tengo mi propia religión», mientras se niegan incluso a considerar una respuesta personal al amor de Dios. En tales casos, la religión es solo un recurso de Satanás que les impide a las personas experimentar la verdadera libertad espiritual.

Sin embargo, las personas que están dispuestas a mirar más allá de su religión cultural y buscar el verdadero amor de Dios, serán recompensadas. La promesa de Dios a estas personas es: «Me buscarán y me encontrarán, cuando me busquen de todo corazón»[1].

DIOS REVELA EL AMOR

El Dios que les reveló su amor a los patriarcas y profetas es el mismo Dios que expresa su amor supremo al envolverse a sí mismo en carne humana bajo una estrella de Belén. Es el mismo Dios que les demostró su amor a los humildes pescadores (Pedro, Jacobo y Juan), cobradores de impuestos (Mateo), médicos (Lucas) y fanáticos religiosos (Pablo). Es el mismo Dios que está en acción en el mundo de hoy y continúa expresándoles su amor a las personas como las que describí en este libro. La buena noticia es que Él te ama tanto como a cualquier otra persona. Estamos hechos a su imagen, y Él anhela tener una relación con nosotros.

Y lo que espero por ahora es que te des cuenta que Él te expresa su amor en tu propio lenguaje principal del amor:

- Para los que prefieren el lenguaje del amor de las palabras de afirmación, Jesús les dice: «*Vengan a mí todos ustedes que están cansados y agobiados, y yo les daré descanso. Carguen con mi yugo y aprendan de mí, pues yo soy apacible y humilde de corazón, y encontrarán descanso para su alma. Porque mi yugo es suave y mi carga es liviana*»[2].

- Para quienes su lenguaje principal del amor es el de regalos, Jesús les dice: «*Mis ovejas oyen mi voz; yo las conozco y ellas me siguen. Yo les doy vida eterna, y nunca perecerán, ni nadie podrá arrebatármelas de la mano*»[3].

- Para los que desean un tiempo de calidad, las Escrituras les dicen: «*Acérquense a Dios, y él se acercará a ustedes*»[4].

- Para quienes su lenguaje del amor es el de actos de servicio, Jesús les dice de sí mismo: «*El Hijo del hombre no vino para que le sirvan, sino para servir y para dar su vida en rescate por muchos*». Cuando los que conocían mejor trataron de resumir su vida, solo dijeron: «*Jesús [...] anduvo haciendo el bien y sanando a todos los que estaban oprimidos por el diablo, porque Dios estaba con él*»[5].

- Para los que entienden mejor el lenguaje de amor del toque físico, nada habla de manera más profunda que la encarnación de Cristo. Esta es la manera en que el apóstol Juan lo describió: «*Lo que [...] hemos oído, lo que hemos visto con nuestros propios ojos, lo que hemos contemplado, lo que hemos tocado con las manos, esto les anunciamos*». Juan también describió la presencia física de Jesús: «*Hemos contemplado su gloria, la gloria que corresponde al Hijo unigénito del Padre, lleno de gracia y de verdad*»[6].

Dios se hizo humano a fin de tocarnos. Cuando leemos acerca de los breves treinta y tres años de su peregrinación terrenal, lo encontramos tocando a los niños, a los afectados por la lepra, a los ciegos y los sordos. Su toque trajo sanidad y esperanza a todos los que encontró.

Los que vivimos en el siglo XXI no tenemos la ventaja de observar la vida y las enseñanzas de Jesús, pero sí tenemos el registro de lo que dijo e hizo. Jesús afirmó con claridad que sus enseñanzas provenían de Dios: «El que me ama, obedecerá mi palabra, y mi Padre lo amará, y haremos nuestra vivienda en él. El que no me ama, no obedece mis palabras. Pero estas palabras que ustedes oyen no son mías sino del Padre, que me envió»[7]. Jesús también indicó que una vez que volviera a Dios su Padre, Él enviaría al Espíritu Santo, quien les «hará recordar todo lo que les he dicho»[8].

El Nuevo Testamento lo escribieron personas fieles cuyas palabras fueron guiadas por el Espíritu de Dios. Muchos fueron testigos que vieron el ejemplo que dio Jesús y escucharon sus enseñanzas de primera mano. Juan caminó con Jesús por tres años y medio, y escribió que sería imposible escribir todo lo que Jesús dijo e hizo. Aun así, declaró con claridad: «Estas se han escrito para que ustedes crean que Jesús es el Cristo, el Hijo de Dios, y para que al creer en su nombre tengan vida»[9].

DIOS INICIA EL AMOR

Juan también nos informa que Dios fue quien inició el amor. «Nosotros amamos a Dios porque él nos amó primero. Si alguien afirma: "Yo amo a Dios", pero odia a su hermano, es un mentiroso; pues el que no ama a su hermano, a quien ha visto, no puede amar a Dios, a quien no ha visto. Y él nos ha dado este mandamiento: el que ama a Dios, ame también a su hermano»[10].

En este pasaje, Juan se hacía eco de las palabras de Jesús para responder la pregunta que los líderes religiosos de su época le hicieron sobre el gran mandamiento en la ley. Él les respondió: «"Ama al Señor tu Dios con todo tu corazón, con todo tu ser y con toda tu mente [...] Este es el primero y el más importante de los mandamientos. El segundo se parece a éste: "Ama a tu prójimo como a ti mismo". De estos dos mandamientos dependen toda la ley y los profetas»[11].

Juan también escribió:

Queridos hermanos, amémonos los unos a los otros, porque el amor viene de Dios, y todo el que ama ha nacido de él y lo conoce. El que no ama no conoce a Dios, porque Dios es amor. Así manifestó Dios su amor entre nosotros: en que envió a su Hijo unigénito al mundo para que vivamos por medio de él. En esto consiste el amor: no en que nosotros hayamos amado a Dios, sino en que él nos amó y envió a su Hijo para que fuera ofrecido como sacrificio por el perdón de nuestros pecados[12].

Pablo no vio a Cristo en la carne, pero Él le «tocó» mientras iba de camino a perseguir creyentes. El amor de Cristo cambió de manera radical su vida y sus prioridades. Escribió:

El Dios que hizo el mundo y todo lo que hay en él es Señor del cielo y de la tierra. No vive en templos construidos por hombres, ni se deja servir por manos humanas, como si necesitara de algo. Por el contrario, él es quien da a todos la vida, el aliento y todas las cosas. De un solo hombre hizo todas las naciones para que habitaran toda la tierra; y determinó los períodos de su historia y las fronteras de sus territorios. Esto lo hizo Dios para que todos lo busquen y, aunque sea a tientas, lo encuentren. En verdad, él no está lejos de ninguno de nosotros, "puesto que en él vivimos, nos movemos y existimos". Como algunos de sus propios poetas griegos han dicho: "De él somos descendientes".

Por tanto, siendo descendientes de Dios, no debemos pensar que la divinidad sea como el oro, la plata o la piedra: escultura hecha como resultado del ingenio y de la destreza del ser humano. Pues bien, Dios pasó por alto aquellos tiempos de tal ignorancia, pero ahora manda a todos, en todas partes, que se arrepientan. Él ha fijado un día en que juzgará al mundo con justicia, por medio del hombre que ha designado. De ello ha dado pruebas a todos al levantarlo de entre los muertos[13].

DIOS *ES* AMOR

Como autor, soy consciente de que todo lo que escribí en este libro sobre el amor de Dios no es más que una nota en la sinfonía de amor inconmensurable de Dios. El compositor lo expresó así:

Si fuera tinta todo el mar, y todo el cielo un gran papel,
Y cada hombre un escritor, y cada hoja un pincel.
Nunca podrían describir el gran amor de Dios;
Que al hombre pudo redimir de su pecado atroz[14].

Dios ha hablado y sigue hablando de su amor en todos los lenguajes. Su mensaje es claro: «Te amo a pesar de que te has alejado de mí. Yo deseo perdonarte. Por eso es que pagué por tus pecados. Quiero tener una relación de amor contigo. Si estás dispuesto a apartarte de tu camino egoísta y aceptar mi perdón y amor, serás mi hijo para siempre. Te amaré y te daré la mejor vida posible, tanto ahora como en la eternidad. Ábrele tu corazón a mi amor y mi Espíritu, y vendré a vivir contigo». Este es el deseo de Dios expresado a través de las Escrituras.

El mensaje de la gracia de Dios (favor inmerecido) y el amor incondicional parece increíble. Por naturaleza, la gente quiere hacer algo para ganarse el perdón de Dios y hacer las paces con Él. Sin embargo, lo único que podemos hacer es responder a lo que ya hizo Él.

En cada generación y en cada cultura, el Espíritu de Dios sigue comunicando el amor divino al hablar los lenguajes del amor de Dios. Dios es santo y amoroso. Nos brinda su perfecto amor al ofrecernos el perdón y el regalo de una relación eterna con Él. Los que rechazan su amor deben enfrentar su juicio. La encrucijada para toda la humanidad es elegir el amor de Dios o la justicia de Dios. O nosotros intentamos pagar por nuestro propio pecado, una deuda que nunca podremos pagar, o aceptamos la provisión amorosa del pago de Dios en nuestro nombre. El Hijo de Dios efectuó ese pago. El amor y la justicia de Dios se reunieron en la cruz de Jesucristo, trayendo vida y perdón a todos los que creen.

La cruz se ha convertido en el símbolo universal del amor de Dios. La crucifixión de Jesús fue un tiempo en el que Dios habló con claridad los cinco lenguajes del amor:

- Desde la cruz, Jesús dijo: «Padre, perdónalos, porque no saben lo que hacen». ¿Qué *palabras de afirmación* podrían hablar de manera más profunda del amor?[15]

- En su muerte, Jesús realizó su mayor *acto de servicio* cuando Él reconcilió a la humanidad pecadora con el Dios santo[16].

- Él ofreció *regalos* de valor incalculable: el perdón de los pecados y la vida eterna[17].

- Sus regalos proporcionaron la oportunidad para que las personas tuvieran una relación íntima con Dios mediante el *tiempo de calidad* con el Creador, ahora y para siempre.

- Y fue en la cruz donde Dios *tocó* a la humanidad en nuestro punto de mayor necesidad y dijo: «¡Te amo!». Aquí Jesús cumplió su promesa: «Yo soy el buen pastor; el buen pastor da su vida por las ovejas»[18].

Nuestra parte es la de solo levantar las manos y recibir su amor. Juan describió la naturaleza de Dios de manera sencilla y sucinta: «Dios es amor». Y de inmediato añadió: «Nosotros amamos a Dios porque él nos amó primero»[19].

Cuando respondemos al amor de Dios y comenzamos a identificar la variedad de lenguajes que Él utiliza para hablar con nosotros, pronto aprendemos a hablar esos lenguajes nosotros mismos. Cualquiera que sea el lenguaje del amor que prefieras, puedes encontrar una cada vez más profunda satisfacción en el uso de este lenguaje en tu relación con Dios y con otras personas.

NOTAS

Introducción
La conexión de amor
1. *World Book Encyclopedia*, 1970, bajo la palabra «God».
2. Génesis 1:27.

Capítulo dos
Dios habla el primer lenguaje del amor: Palabras de afirmación
1. Jeremías 31:3 (LBLA).
2. Juan 13:1 (LBLA).
3. 2 Timoteo 3:16-17; 2 Pedro 1:20-21.
4. Génesis 1:26-27.
5. Hebreos 2:7; cf. Salmo 8:5.
6. Isaías 48:17-18.
7. Isaías 41:10; Jeremías 29:11; 31:3, 13.
8. Juan 5:24; 6:35, 40; 10:27-30; Apocalipsis 22:12-13, 17.
9. Lucas 23:34.
10. Juan 10:9-11.
11. Charles Dudley Warner, editor, vol. 23, *Library of the World's Best Literature*, J. A. Hill & Co., Nueva York, 1896, pp. 9334, 9340.
12. Salmo 119:103-105, 111, 114, 162-165.
13. Salmos 40:16; 69:30-31; 119:97-98; 145:21; 146:1-2.
14. Salmo 119:89, 91-93.

CAPÍTULO TRES
Dios habla el segundo lenguaje del amor: Tiempo de calidad
1. Lee Génesis 1-3.
2. Génesis 18:17.
3. Salmo 145:17-18.
4. Isaías 43:1-2.
5. Salmo 116:1-2.
6. Santiago 4:8.
7. Lee Juan 14:23-26.
8. Juan 17:24; lee también 14:16-18.
9. Marcos 3:14.
10. Jorge Müller, *Autobiography of George Muller, the Life of Trust*, Baker, Grand Rapids, 1981, p. 115.
11. *Ibidem*, pp. 89, 101, 108-9.
12. *Ibidem*, p. 82.
13. *Ibidem*, pp. 138-39.
14. *Ibidem*, pp. 206-7.
15. *Ibidem*, p. 62.
16. *Ibidem*, p. 206.
17. Lee de Jonathan Edwards, *The Life and Diary of David Brainerd*, Baker, Grand Rapids, 1989; E.M. Bounds, *El poder a través de la oración*, Peniel, Miami, 2007; Charles G. Finney, *The Autobiography of Charles G. Finney*, Bethany Fellowship, Minneapolis, 1977; y Basil Miller, *Praying Hyde: A Man of Prayer*, Zondervan, Grand Rapids, 1943.
18. C. Austin Miles, «A solas al huerto yo voy», primera y segunda estrofas, y coro. Dominio público.

CAPÍTULO CUATRO
Dios habla el tercer lenguaje del amor: Regalos
1. R.G. LeTourneau, *Mover of Men and Mountains*, Moody, Chicago, 1972, p. 143.
2. *Ibidem*, p. 263.
3. *Ibidem*, p. 79.

4. *Ibidem*, p. 204.

5. *Ibidem*, p. 205.

6. Adaptado de LeTourneau, *Mover of Men and Mountains*, p. 105.

7. LeTourneau, *Mover of Men and Mountains*, p. 278.

8. *Ibidem*, p. 33.

9. *Ibidem*, p. 274.

10. *Ibidem*, p. 280.

11. Génesis 1:27, 29-31; énfasis añadido.

12. Apocalipsis 22:12-14, 16-17.

13. Deuteronomio 7:13.

14. Deuteronomio 11:13-15.

15. 1 Reyes 3:7, 9, 11-13.

16. Juan 3:17, 35-36.

17. Juan 16:16-17, 20.

18. Juan 16:23-24.

19. Efesios 5:1-2.

20. Santiago 1:17; 1 Juan 3:1-2.

21. Efesios 4:11-12, LBLA.

22. 1 Corintios 12:7.

23. Mateo 25:34-40.

24. Salmo 19:1-3.

25. Mateo 7:7-11.

26. Santiago 4:3.

CAPÍTULO CINCO

Dios habla el cuarto lenguaje del amor: Actos de servicio

1. José Luis González-Balado, *Mother Teresa: In My Own Words*, Liguori, Liguori, Mo., 1996, p. ix.

2. *Ibidem*, p. x.

3. *Ibidem*, pp. 24, 26, 30.

4. *Ibidem*, p. 34.

5. *Ibidem*, p. 33.

6. *Ibidem*, pp. 38, 80.

7. *Ibidem*, p. 107.
8. *Ibidem*, pp. 108-9.
9. Romanos 15:6; lee también 2 Corintios 1:3 y Efesios 1:3.
10. Salmo 115:4-7, 9, 12-13.
11. Lucas 4:18-19 (Jesús cita Isaías 61:1-2).
12. Lucas 4:21, 24.
13. Juan 17:1-5.
14. Juan 14:1-7.
15. Juan 14:8-11.
16. Juan 15:24-25.
17. Jesús resucitó al hijo de la viuda (Lucas 7:11-17), a la hija de un jefe de la sinagoga (Lucas 8:41-42, 49-56), y a un amigo que llevaba cuatro días sepultado (Juan 11:1-44).
18. Juan 15:9.
19. Juan 15:12-13; Lucas 23:34.
20. Romanos 5:6-8.
21. Juan 17:24, 26.
22. C.S. Lewis, *Cristianismo... ¡y nada más!*, Editorial Caribe, Miami, 1977, pp. 61-62.

CAPÍTULO SEIS
Dios habla el quinto lenguaje del amor: Toque físico
1. Salmos 68:5; 27:10.
2. Génesis 32:25, 30.
3. Éxodo 34:29, 33.
4. Marcos 10:13.
5. Marcos 10:15-16.
6. Juan 9:11.
7. Mateo 9:27, 29-30.
8. Mateo 8:2-3, 15.
9. Mateo 17:2-3, 5-8; lee también Marcos 9:2-10 y Lucas 9:28-36.
10. Juan 13:1-4.
11. Juan 13:12-15, 17.

12. José Luis González-Balado, *Mother Teresa: In My Own Words*, Liguori, Liguori, Mo., 1996, p. 35.

13. Hechos 3:6-10.

14. Hechos 3:12-13, 16.

15. Hechos 3:18-21.

16. Hechos 9:4-9.

17. Hechos 9:17-19.

18. Hechos 9:20-22.

Capítulo ocho

Aprende a hablar nuevos dialectos del amor

1. Lee, por ejemplo, Romanos 1:21.

2. Robert J. Morgan, *From This Verse*, Nelson, Nashville, 1998, p. 362.

3. Salmo 42:1-2, lbla.

4. Mateo 10:42.

5. Hechos 10:38.

6. Juan 20:30-31.

7. Lucas 7:38.

Capítulo nueve

Los lenguajes del amor y la disciplina de Dios

1. Para más información sobre la relación entre los lenguajes del amor y la disciplina, lee de Ross Campbell y Gary Chapman, *Los cinco lenguaje del amor de los niños*, Editorial Unilit, Miami, 1997, pp. 133-34, 141-44.

2. Hebreos 12:5-7, 10-11.

3. Juan 10:11, 17-18.

4. Juan 11:25.

5. Juan 20:30-31.

6. Salmo 42:1-2.

7. C.S. Lewis, *El problema del dolor*, Editorial Caribe, Miami, 1977, p. 93.

8. 2 Corintios 11:22—12:10.
9. 2 Timoteo 4:6-7.

Capítulo diez

Cualquiera que sea el lenguaje, deja que prevalezca el amor

1. Jeremías 29:11-13.
2. Michael Cassidy, «Loose in the South African Fire», C.S. Lewis Foundation Summer Institute, Oxbridge '98, 24 de julio de 1998; notas personales del autor.
3. Heidi Soderstrom, «Prescription: Hope», *The Commission*, mayo de 1999, pp. 34-37.
4. 1 Juan 4:20 (paráfrasis del autor).
5. Mateo 5:43-47.
6. Juan 8:42-47.
7. Filipenses 2:4; Romanos 12:10.
8. Romanos 5:7-8.
9. Romanos 5:5.
10. Juan 19:30.
11. Mateo 27:51-54.
12. Apocalipsis 13:8.
13. Juan 13:34-35.
14. Lee de David Wilkerson con Juan y Elisabet Sherrill, *La cruz y el puñal*, Editorial Vida, 1965, p. 70-71.
15. Lee el Salmo 68:6; Romanos 12:5; Efesios 3:15.
16. Efesios 3:14-21.
17. Juan 13:34-35.

Epílogo

El Dios que habla tu lenguaje

1. Jeremías 29:13.
2. Mateo 11:28-30.
3. Juan 10:27-28.
4. Santiago 4:8.
5. Mateo 20:28; Hechos 10:38.

6. 1 Juan 1:1; Juan 1:14.

7. Juan 14:23-24.

8. Juan 14:26.

9. Juan 20:31; lee también Juan 21:25.

10. 1 Juan 4:19-21.

11. Mateo 22:36-40.

12. 1 Juan 4:7-10.

13. Hechos 17:24-31.

14. Frederick M. Lehman, «¡Oh amor de Dios!». Dominio público.

15. Lucas 23:34, LBLA.

16. Lee Colosenses 1:21-22.

17. Lee Juan 3:16-18; 1 Juan 1:9.

18. Juan 10:11.

19. 1 Juan 4:8, 19.

GUÍA *para*
GRUPOS *de* ESTUDIO

Las siguientes sugerencias son para ayudar a facilitar el diálogo en grupo del contenido de cada capítulo. A los miembros del grupo siempre se les debe alentar para que den respuestas, pero nunca se les debe obligar a hacerlo.

CAPÍTULO 1/COMPRENDE LOS CINCO LENGUAJES DEL AMOR

(1) Nárrales historias a los demás miembros del grupo acerca de momentos en los que te encontraste con dificultades o problemas de comunicación con el lenguaje de otra persona. Describe la situación y los sentimientos experimentados. (¿Fue cómica la falta de comunicación? ¿Triste? ¿Peligrosa? ¿Valió la pena el esfuerzo?).

Luego, discute el extremo opuesto: un momento en el que la otra persona y tú estaban conectados de veras entre sí. ¿Cómo te sientes al darte cuenta de que alguien no solo entiende muy bien tus palabras, sino también los pensamientos y sentimientos detrás de ellos?

(2) Dialoguen: *¿Cuál crees que es tu lenguaje principal del amor: palabras de afirmación, tiempo de calidad, regalos, actos de*

servicio o toque físico? En una escala del 1 (mínimo) al 10 (máximo), ¿cuán seguro estás? Si los miembros del grupo se conocen entre sí bastante bien, permitan que se proporcionen comentarios mutuos en este punto, a fin de verificar o retar la respuesta de una persona. Explica que los últimos capítulos proporcionarán mucha información adicional para confirmar o quizá cambiar estas primeras opiniones.

(3) Que un voluntario lea 1 Corintios 13, el «capítulo del amor» de la Biblia. El pasaje debe ser conocido para la mayoría de los miembros del grupo. Sin embargo, mientras lo escuchan esta vez, hagan que lo oigan en términos de sus lenguajes del amor designados. Por ejemplo, ¿cómo esta descripción clásica del amor pertenecería a palabras de afirmación, regalos, toque físico, y así sucesivamente?

(4) Pídeles a los miembros que hagan cualquier pregunta que tengan en esta etapa temprana, y que un voluntario anote sus respuestas. Mientras estudian el resto del libro, busca las secciones que abordan las preguntas de tu lista.

(5) También puedes considerar la forma en que cada participante logra usar su lenguaje del amor para el beneficio del grupo en reuniones futuras. Por ejemplo, alguien que prefiera las palabras de afirmación podría estar más dispuesto a orar; los que hablan el lenguaje de los regalos pudieran preparar (o al menos organizar) refrigerios; los que responden al tiempo de calidad podrían recibir las reuniones y alentar a los miembros para que se queden un rato después; etc.

CAPÍTULO 2/DIOS HABLA EL PRIMER LENGUAJE DEL AMOR: PALABRAS DE AFIRMACIÓN

(1) Comienza por hacer que los miembros del grupo describan un momento en que las palabras de alguien significaron mucho para

ellos. Podría ser útil que cada persona piense en por lo menos dos ejemplos: uno de hace mucho tiempo que tuvo un efecto duradero en sus vidas, y otro que se produjo recientemente.

(2) Haz que los miembros del grupo digan algunas de sus promesas favoritas de la Biblia. Si son lentos para empezar, que algunos voluntarios busquen y lean estos que se incluyeron en el capítulo:

Salmo 119:103-105	Salmo 119:111	Salmo 119:114	Salmo 119:162-165
Isaías 41:10	Jeremías 29:11	Jeremías 31:3	Jeremías 31:13
Juan 5:24	Juan 6:35	Juan 6:40	Juan 10:27-30
Apocalipsis 22:12-13	Apocalipsis 22:17		

Dialoguen: *Algunas personas considerarían estos versículos «solo palabras». ¿Qué pasa con las que te dan el sentido de afirmación para ti?*

(3) Dales a los miembros del grupo la oportunidad de practicar este lenguaje del amor los unos con los otros mientras tú afirmas de palabras a cada persona presente. Si todavía te resultan bastante desconocidos, es posible que no estés listo para hacerlo. En cambio, si se conocen entre sí, comienza con una persona y permite que otros afirmen qué es lo que aprecian de esa persona. A continuación, pasa a la siguiente persona y así sucesivamente. Cuando termines, discutan cómo se sentían al tener centradas tanta atención y afirmación.

(4) Termina con una oración sencilla, dándole a cada uno la oportunidad de expresar breves declaraciones de afirmación a Dios. (Véanse los ejemplos del rey David en la página 44).

NOTA: En preparación para la próxima reunión, es posible que desees pedir voluntarios para hacer una pequeña investigación sobre las cuatro personas mencionadas hacia el final del capítulo 3: David Brainard, E.M. Bounds, Charles Finney y el apóstol de la oración John Hyde. Estos nombres serán desconocidos para varias personas, pero sus ejemplos de tiempo de calidad con Dios han inspirado a muchos otros.

CAPÍTULO 3/DIOS HABLA EL SEGUNDO LENGUAJE DEL AMOR: TIEMPO DE CALIDAD

(1) Dialoguen: *¿Por qué decidiste participar en este grupo?* Después que cada persona responda, ve cómo muchos expresaron, de una forma u otra, el deseo de pasar tiempo de calidad con los demás. Es muy probable que a algunos les atrajera el tema, pero quizá a otros les atrajera el formato por igual. Por ejemplo, alguien puede responder que otro miembro lo invitó personalmente, pero quizá no se diera cuenta de forma consciente que aceptó la invitación por la oportunidad de pasar tiempo de calidad con esa persona.

(2) Si optaste por tener voluntarios que investigaran a David Brainard, E.M. Bounds, Charles Finney y el apóstol de la oración John Hyde, haz que den sus informes en este momento. Asegúrate de incluir cómo pasar tiempo de calidad con Dios influyó en la vida y el ministerio de cada persona. Si no decides hacerlo, dedica tiempo para analizar la vida de Jorge Müller descrita en el capítulo: *¿Qué pensaste de su entrega a la oración y al tiempo de calidad con Dios? ¿Crees que su compromiso con Dios y su trabajo con los orfanatos se relacionaban entre sí? Sí o no, ¿por qué?*

(3) Pregunta: *¿A quiénes conoces en persona que parecen demostrar tiempo de calidad como su lenguaje principal del amor? ¿De qué manera influye en su relación con Dios? ¿Cómo influye en sus relaciones con otras personas?*

(4) Que algunos voluntarios busquen los siguientes pasajes (todos mencionados en el capítulo) y hablen de lo que se podría aprender y aplicar de cada uno sobre el tiempo de calidad con Dios:

- Abraham y Dios (Génesis 18)
- Jesús y sus discípulos (Marcos 4:30-41)
- Jesús, María y Marta (Lucas 10:38-42)

(5) Terminen pasando un poco de tiempo de calidad con Dios como grupo. Permite que todos los que estén dispuestos se lo expresen a Dios de una manera que les resulte cómodo. (Aunque la atención se centra en el tiempo de calidad, los que tienen el don del toque podrían darles abrazos a otros miembros, los que tienen palabras de afirmación podrían orar o cantar, etc.).

CAPÍTULO 4/DIOS HABLA EL TERCER LENGUAJE DEL AMOR: REGALOS

(1) Dialoguen: *¿Quién es alguien cuya generosidad y entrega de regalos admiras y que saldrías de tu forma de ser para conocerle, dada la oportunidad?*

(2) Explica que las personas tienen opiniones diferentes acerca de cuánto pueden esperar de Dios, y permite que los miembros describan sus creencias personales acerca de Dios como dador. Por ejemplo:

- ¿Son el éxito y la riqueza pruebas de la bendición de Dios?
- ¿Le da Dios a cada persona por igual? (Si no es así, ¿por qué no?).
- Si no usamos los regalos que nos da Dios, ¿corremos el riesgo de perderlos?

Después que los participantes expresen sus opiniones, analicen el concepto de los dones de Dios como un lenguaje del amor. Mientras que las personas pueden estar en desacuerdo sobre algunos aspectos de sus dones, pocas pueden argumentar que Dios le da a la gente por amor, y se complace cuando se dan los unos a los otros.

(3) Pasa un poco de tiempo analizando los dones espirituales. Primero, que un voluntario lea 1 Corintios 12:4-7 y señale, como se hizo en el capítulo 4, que a cada creyente en Cristo se le ha dado capacidades distintas para realizar ciertas tareas en la iglesia. Las listas de los dones espirituales se encuentran en Romanos 12:6-8; 1 Corintios 12:8-10, 28-30; y Efesios 4:11-13.

Si se trata de un tema nuevo para los miembros del grupo, es posible que desees proporcionar recursos adicionales (o reservar el estudio hasta que haya más tiempo disponible). En cambio, si están familiarizados con los dones espirituales, permíteles decir cuáles creen que son sus dones y cómo los utilizan para el bien de la iglesia. Y si se conocen bien entre sí, anímales a identificar los dones espirituales que perciben los unos de los otros.

(4) Que algunos voluntarios lean Lucas 21:1-2 y Mateo 10:42. Explica que dos monedas o un vaso de agua fría pueden parecer regalos insignificantes, pero Jesús nota (y premia) todos los regalos que se dan de corazón. Luego, analicen otros regalos que pueden parecer pequeños, pero que podrían satisfacer las necesidades muy reales en su iglesia y comunidad. Tal vez tu estudio conduzca a sugerencias para que los miembros de tu grupo den a una organización benéfica establecida donde sus regalos serán expresiones del amor de Dios para los demás en la vecindad. Si tienden a pensar en proyectos que podrían hacer para ayudar a otros como grupo, es posible posponer el estudio hasta el siguiente capítulo y llevarlo a cabo como un acto de servicio.

CAPÍTULO 5/DIOS HABLA EL CUARTO LENGUAJE DEL AMOR: ACTOS DE SERVICIO

(1) Haz que cada persona comente la vez (o las veces) en la que alguien realizó un acto de servicio para ella que tuvo un efecto extraordinario y duradero.

(2) Estimula a los participantes para que describan los actos de servicio que han hecho por otras personas. Trata de obtener varios ejemplos: pequeñas acciones en apariencia que tuvieron resultados mucho mayores de lo esperado, momentos en los que se esforzaron mucho en un acto de servicio que tuvo muy poca respuesta por parte del que lo recibió, actos que fueron anónimos o pasaron inadvertidos por completo, etc. Dialoguen: *A pesar de que nuestros actos de servicio logran resultados diferentes, ¿crees que Dios nos evalúa basado en esos resultados?* Explica que Dios se complace cuando su pueblo muestra amor genuino por los demás a través del servicio, independientemente de cómo respondan los destinatarios.

(3) Que un voluntario lea Éxodo 17:8-13. Dialoguen:

- *¿Cuál de los participantes que se citan te parece que fue el principal responsable de la victoria de los israelitas sobre los amalecitas?* (De seguro que Moisés fue una figura clave. Josué dirigió el ejército. Sin embargo, Aarón y Jur fueron esenciales por igual, a pesar de los papeles insignificantes en apariencia que representaron).
- *¿Con cuál de los personajes te relacionas más? ¿Por qué?*
- *¿Crees que la mayoría de la gente les da el crédito por igual a los Aarón y Jur que están dispuestos a realizar el servicio mundano, o les muestran más respeto a los que son como Moisés y Josué? ¿Por qué? ¿Crees que esos en la iglesia que hacen algo mejor que los miembros en general reconocen las contribuciones de todos?*

(4) Puede ser un poco intimidante citar a la madre Teresa como modelo para los actos de servicio. Sin embargo, ella se dio a conocer en todo el mundo por ver una necesidad de la que nadie más se ocupaba ni trabajaba con regularidad, a fin de satisfacer esa necesidad como un acto de servicio a Dios. ¿Pueden los miembros de tu grupo identificar las necesidades desatendidas de manera

similar en su iglesia? ¿Barrio? ¿Ciudad? ¿Hay cosas que los miembros de tu grupo estarían dispuestos a hacer como actos de servicio para satisfacer algunas de las necesidades que identifican?

CAPÍTULO 6/DIOS HABLA EL QUINTO LENGUAJE DEL AMOR: TOQUE FÍSICO

(1) Pregúntales a los miembros del grupo que determinen qué tan cómodos están con el toque físico en cada una de las siguientes situaciones. Haz que respondan con una calificación de 1 (menos cómodo) a 10 (más cómodo).

- Besos, abrazos y entre los miembros de la familia inmediata
- Un abrazo de un conocido casual del mismo sexo en un lugar público
- Un abrazo de un conocido ocasional del sexo opuesto en un lugar público
- Tomarse de la mano de un desconocido mientras se canta en la iglesia
- La mano inesperada de una persona sin techo en su hombro en un parque de la ciudad
- El abrazo de una persona mayor durante su visita a un hogar de ancianos

A medida que los participantes respondan, anímalos a ser sinceros e imparciales con los demás, debido a que existen numerosas razones válidas de por qué quizá una persona no se sienta cómoda con el toque físico. Y es probable que descubran una variación en los niveles de tolerancia del toque físico.

(2) Dialoguen: *¿Qué ejemplos puedes recordar del capítulo sobre el toque físico en el ministerio de Jesús? ¿Por qué crees que la Biblia habla mucho acerca de la propensión de Jesús a tocar a los demás?* (Con gusto, cargó niños pequeños, lavó los pies de sus discípulos, tocó leprosos y a otros mientras los sanaba, etc. Enseñó mucho sobre el amor, pero el toque físico fue una manera tangible

no solo para hacer que ese tipo de amor fuera más real para los que encontraba, sino también como un modelo a seguir por los demás).

(3) Que un voluntario lea Lucas 8:40-48. Dialoguen:

- *¿Por qué crees que esta mujer se sentía tan apremiada para tocar a Jesús?*
- *En medio de una multitud que le apretaba, ¿cómo sabía Jesús que una persona en particular le tocó a propósito?*
- *¿Qué hizo el toque de la mujer diferente al de todas las otras personas que tocaban a Jesús?*
- *Jesús iba camino para ver a una niña muy enferma (que estaría muerta cuando llegó). ¿Qué aprendemos acerca de la disposición de Él para detenerse y buscar a una persona en particular antes de seguir?*

(4) Que algunos voluntarios hablen sobre las ocasiones en sus vidas cuando más desearon que los tocara Dios. Luego, pídeles que piensen en las formas en que podrían tratar de «tocar» a Dios. Sin la presencia física de Jesús, ¿cómo puede ser eso posible? (Cuando Jesús volvió al Padre, Él se comprometió a enviar uno que lo sustituyera. Los creyentes tienen acceso a Dios y pueden sentir su presencia por medio de su Espíritu Santo. El Espíritu también intercede por los creyentes para «transferir» sus sentimientos más íntimos y presentárselos a Dios el Padre [Romanos 8:26-27]. En ese sentido, Dios está siempre al alcance).

(5) Termina con algún tipo de toque físico que sea cómodo para todos los presentes (tomados de las manos para orar, abrazándose unos a otros, etc.). Mientras lo haces, dale gracias a Dios como grupo por este lenguaje del amor (y todos los anteriores también).

DIOS HABLA TU LENGUAJE DEL AMOR

CAPÍTULO 7/DESCUBRE TU LENGUAJE PRINCIPAL DEL AMOR

(1) Pídeles a los miembros del grupo que recuerden lo que citaron como su lenguaje principal del amor durante la primera reunión (capítulo 1). Dialoguen:

- *¿Alguien ha llegado a una conclusión diferente durante las últimas sesiones? Si es así, ¿marcó alguna diferencia la manera en que se relaciona con otras personas o Dios?*

(2) Que un voluntario lea 1 Samuel 17:4-11, 32-40. Es probable que la historia de David contra Goliat, le resulte conocida a la mayoría, así que céntrate en la elección de David de la vestimenta. Dialoguen:

- *¿Crees que David fue ingenuo o inconsciente de la gravedad del desafío ante él?* (Si no es así, ¿por qué accedió a luchar cuando nadie más lo haría?).
- *¿Qué medidas concretas adoptó el rey Saúl para proteger a David?*
- *¿Por qué David declinó la oferta de Saúl?*
- *¿Cuál fue el resultado final?* (Si es necesario, lean 1 Samuel 17:41-54).
- *¿Cómo podría esta historia relacionarse con los lenguajes del amor?*

Señala que habría tenido mucho sentido para la mayoría de la gente el uso de todo el equipo de protección posible antes de enfrentar a un rival. David estuvo dispuesto a hacer el intento, pero no era adecuado para él. Del mismo modo, el lenguaje del amor de una persona puede parecerle que sea el enfoque adecuado, pero otras personas tienen diferentes (y válidas por igual) alternativas.

(3) Haz que los miembros de tu grupo pasen la mayor parte del tiempo analizando las tres preguntas proporcionadas en el capítulo, primero con relación a otra persona y, luego, en lo que se refiere a Dios.

- *¿Cómo les expreso casi siempre el amor a otras personas (o a Dios)?*
- *¿Acerca de qué me quejo más a menudo?*
- *¿Qué pido con más frecuencia?*

(4) Pídeles a los miembros del grupo que expliquen cómo una mayor conciencia de sus lenguajes del amor ha influido en los dos aspectos mencionados en el capítulo: (1) Su nivel de comprensión de sí mismo; y (2) Su capacidad de comprender y ayudar a los demás creyentes. Motiva una variedad de historias como ejemplos.

(5) Termina con una oración, dándole gracias a Dios por cualquier mejora positiva hasta el momento y pidiéndole que permita que esos cambios sean solo el comienzo de un vínculo más estrecho y permanente con Él y con otras personas.

CAPÍTULO 8/APRENDE A HABLAR NUEVOS DIALECTOS DEL AMOR

(1) Que los miembros del grupo describan un momento, o momentos, cuando se encontraban en una situación en la que estaban fuera por completo de su elemento (reunión con la nueva familia política, situaciones de trabajo, asistencia a nuevas iglesias, vacaciones, etc.). ¿Qué les hizo sentir fuera de lugar? ¿Cómo respondieron? ¿Aprendieron algo positivo de la experiencia?

(2) Que un voluntario lea Lucas 10:1-12, 16-17. Explica que el pasaje describe una misión que Jesús le dio a un grupo de sus seguidores. A la mayoría (si no a todos) le resultaría cómodo y estaría familiarizado con los ritos y rituales judíos, por lo que su misión fue bastante difícil. Dialoguen:

- *¿Te hubiera gustado haber estado entre este grupo? ¿Por qué? ¿Cómo crees que te habrías encargado de la tarea?*

- *¿Cuáles hubieran sido tus esperanzas? ¿Tus miedos? ¿Tu mayor reto?*
- *¿Qué tan bien habrías estado al vivir con desconocidos? ¿Cómo habrías respondido ante el rechazo?*
- *¿Cómo crees que tu respuesta final se podía comparar a la de los discípulos?* (v. 17)

(3) En resumen: *Este fue un largo capítulo con una serie de ideas concretas que abarcan los cinco lenguajes del amor.* Pregunta: *¿Alguna de las sugerencias te parece intrigante?* Permite que los participantes respondan y expliquen por qué.

(4) Dialoguen: *Después que descubrimos nuestro lenguaje principal del amor, ¿por qué importa si «hablamos» o no otros lenguajes también, o añadimos diferentes «dialectos»?* Alguien debería recordar el desafío del capítulo para impedir que la adoración se convierta en un ritual. Lo que comienza como auténtico puede llegar a ser mundano si no tenemos cuidado. Tal vez los miembros del grupo podrían dar ejemplos concretos de su propia experiencia.

(5) Desafía a cada persona para experimentar esta semana al intentar hacer uso de: (1) Un lenguaje del amor que no sea su principal; y (2) Un dialecto diferente al de su propio lenguaje del amor. Por ejemplo, si tienden a adorar en privado, podrían intentar adorar más de manera colectiva esta semana. Podrían variar de momento o lugar. Podrían pasar de un ambiente religioso a uno secular, o viceversa. Asegúrate de permitirles fallar. (Muchas personas tienden a evitar la prueba de nuevas cosas debido a que le temen al fracaso).

Termina con una oración, pidiéndole a Dios que dirija a cada persona a nuevas y diferentes oportunidades para hablar lenguajes del amor esta semana. Y asegúrate de programar tiempo en la próxima reunión para sus informes.

CAPÍTULO 9/LOS LENGUAJES DEL AMOR Y LA DISCIPLINA DE DIOS

(1) Dale continuidad al desafío de la semana pasada. ¿Alguien experimentó con un nuevo lenguaje del amor, o un dialecto diferente al de su lenguaje principal del amor? Si es así, ¿cuáles fueron los resultados?

(2) Pídeles a los miembros del grupo que describan el tipo de disciplina que exigían sus padres mientras crecían. (Las respuestas deben ser generales. Trata de evitar los detalles embarazosos y dolorosos en potencia). Cuando todo el mundo haya respondido lo que desee, explica que muchas veces la imagen inicial que tiene una persona de Dios se forma por la de sus padres. Si los padres son estrictos y autoritarios, la persona puede dar por sentado que el «Padre celestial» es igual. Si los padres se toman las cosas con calma, la persona puede llegar a creer que Dios no está interesado particularmente en ella. Pregunta: *Para ti, ¿era la palabra «disciplina» positiva, negativa o neutra?*

(3) Analicen los aspectos positivos de la disciplina. Comienza con la autodisciplina. ¿Hay alguien que se comprometa a un régimen de ejercicios? ¿Una dieta? ¿Educación continua? ¿Devocionales regulares? Si es así, que la persona contraste los aspectos difíciles de la disciplina con los resultados.

A continuación, amplía el tema para incluir la disciplina impuesta por otros. ¿Puede alguien recordar un caso en el que le disciplinara un padre, profesor, empresario, etc., que dio lugar a un cambio significativo de sus actitudes o comportamiento? ¿O alguien tiene una historia de la educación de los hijos cuando una disciplina dura en apariencia tuvo un efecto positivo con el tiempo? ¿Puedes detectar cualquier conexión entre la eficacia de la disciplina y el lenguaje del amor de la persona?

(4) Que un voluntario lea Hebreos 12:4-13 (gran parte del mismo se citó en el capítulo 9). Dialoguen:

- *¿A qué se refiere el autor cuando usa la palabra «disciplina»?* (v. 7)
- *¿Cuál es el propósito de la disciplina de Dios?* (Lean también Romanos 5:3-5).
- *¿Cuál es la motivación detrás de la disciplina de Dios?* (Hebreos 12: 6, 10)
- *¿Cuáles son los resultados deseados de la disciplina de Dios?* (v. 11)

Enfatiza que si bien la disciplina de Dios se compara a la de un padre con un hijo, la diferencia es que Dios nunca tiene un mal día, se frustra, llega a estar demasiado ocupado, ni deja de identificarse con la forma en que se sentirá el disciplinado.

Que otro voluntario lea la parábola del hijo pródigo (Lucas 15:11-32) mientras los demás les prestan mucha atención a las acciones y respuestas del padre. Haz hincapié en que la disciplina de Dios nunca debe discutirse ni evaluarse aparte de su gran amor y el perdón como se ilustra en esta parábola.

(5) La disciplina puede ser un tema difícil y delicado. Termina con un tiempo para que los miembros del grupo reflexionen sobre sus sentimientos acerca de la disciplina de Dios, pedir opiniones a otros participantes acerca de sus propios métodos de disciplina y presentar sus peticiones de oración por problemas disciplinarios existentes en sus vidas y relaciones. Durante este tiempo, aclara que la comprensión de cómo la eficacia de la disciplina se refiere al lenguaje del amor de una persona no es una licencia para tratar de manipular a los demás. Tal conocimiento debe aplicarse siempre con mucho amor, integridad y genuina preocupación por la otra persona. El énfasis en el amor será el tema de la próxima sesión.

CAPÍTULO 10/CUALQUIERA QUE SEA EL LENGUAJE, DEJA QUE PREVALEZCA EL AMOR

(1) Pídeles a voluntarios que cuenten una vez en su vida cuando «prevaleció el amor». (Los relatos pueden incluir a amistades inusuales, momentos en los que el amor cambió sus planes, la motivación para adoptar una posición firme en contra de un mal, etc.). Después que se narren varias historias, consideren en qué medida los cinco lenguajes del amor quizá estuvieran involucrados (palabras de afirmación, tiempo de calidad, regalos, actos de servicio o toque físico). También analicen en qué medida esos momentos amorosos reflejaron el amor de Dios.

(2) Dialoguen:
- *¿Alguna vez te has encontrado con alguien que decía «amar a Dios» que no mostraba el verdadero amor? ¿Cuál fue la situación? ¿Cuál fue tu respuesta a la persona?*
- *¿Cómo respondes a la idea de que el amor de Dios es incondicional? ¿De qué manera influye esa consideración en tu vida diaria?*
- *¿Cómo respondes a la idea de que el amor de Dios es eterno? ¿De qué manera influye esa consideración en tu vida diaria?*

(3) Que un voluntario lea 1 Juan 4:7-21. Dialoguen:
- *¿Hay algo en este pasaje que sea nuevo para ti, o ves alguna de estas verdades con una nueva perspectiva después de terminar este libro?*
- *¿Qué tan importante es el amor en tu relación con Dios? ¿Con otras personas?*
- *¿Qué opinas acerca de lo que Juan quiso decir cuando escribió: «Dios es amor»?* (v. 16)
- *¿Qué crees que quería decir con: «Ese amor se manifiesta plenamente entre nosotros»?* (v. 17)

- *¿Cómo se supone que el amor conecte nuestra adoración a nuestra vida diaria?* (vv. 20-21)

(4) Si recuerdas (o si guardaste) las preguntas que los participantes tuvieron al final de la primera sesión, repítelas aquí y observa si las respondieron. Si no es así, el trabajo en grupo determina la mejor manera de encontrar las respuestas.

(5) Reserva tiempo para un repaso de todo el libro. En esta revisión final, asegúrate de incluir: (1) *¿Cómo Dios habla tu lenguaje principal de amor?*; y (2) *¿Cómo les reflejas ese amor a los demás?*

Dios habla tu lenguaje del amor

